Ent-Täuschungen

Norbert Wokart

Ent-Täuschungen

Philosophische Signaturen des 20. Jahrhunderts

J. B. Metzlersche Verlagsbuchhandlung
Stuttgart

Bibliothek Metzler

Band 5

CIP-Titelaufnahme der Deutschen Bibliothek

Wokart, Norbert
Ent-Täuschungen : philosophische Signaturen des 20. Jahrhunderts / Norbert Wokart. – Stuttgart : Metzler-Poeschel, 1991
(Bibliothek Metzler ; Bd. 5)
NE: GT

ISBN 3 476 00771 5

Einbandgestaltung: Willy Löffelhardt
Satz: Fotosatz Dorner GmbH, Aichwald
Druck: Gulde Druck, Tübingen
Printed in Germany

Inhalt

Vorwort

Philosophie, die ihre Aufgabe erfüllt, muß den falschen Schein in den Grundbegriffen und Leitideen ihrer Zeit aufdecken. Sie ist daher zunächst immer destruktiv, unterminiert alle Konstruktionen des Verstandes und offenbart den trügerischen Grund, dem er vertraut. Die kleinen Schutzhütten privater Überzeugung reißt sie ebenso nieder, wie sie die großen Dome allgemeinen Wissens in Trümmer legt. Doch jede Enttäuschung falscher Hoffnungen und Gewißheiten ist auch eine Ent-Täuschung, macht bewußt, in welchen Irrtümern man befangen war und hebt sie dadurch auf. Unter dem Anspruch auf Wahrheit war solches Ent-Täuschen schon immer die Aufgabe und schöpferische Leistung der Philosophie gewesen.

Diesem Anspruch versuchen auch die vorliegenden Essays dadurch gerecht zu werden, daß sie auf Probleme in solchen Begriffen hinweisen, die man nicht nur für unproblematisch hält, sondern für unverzichtbar zum Aufbau einer vernünftigen, gerechten und humanen Welt. Sie werden deshalb gewöhnlich als Werte geschätzt und von der Kritik verschont. Eine Auseinandersetzung mit ihnen darf sich freilich nicht mit dem Nachweis ihrer falschen oder unsauberen Anwendung begnügen, sondern muß ihre inneren und unaufhebbaren Widersprüche entwickeln. Tröstlich sind die Ergebnisse nicht. Doch es war noch nie die Aufgabe der Philosophie, den Menschen zu trösten und zu verführen, sondern aufzuklären.

I.

Pathologische Freiheit

Wenige Ideen erfreuen sich einer solchen Wertschätzung wie die Idee der Freiheit, die in der philosophischen Literatur wie in Sonntagsreden gleichermaßen als hohes Gut gepriesen wird. Das ist der Grund dafür, daß man einerseits so viel Aufhebens von ihr, sich aber andererseits auch so wenig Gedanken über sie macht, so daß Hegels Feststellung, über keine Idee wisse man es so allgemein, »daß sie unbestimmt, vieldeutig und der größten Mißverständnisse fähig und ihnen deswegen wirklich unterworfen ist als über die Idee der Freiheit«[1], ihre Relevanz bis heute nicht verloren hat. Eines der gewöhnlichsten Mißverständnisse ist aber die Annahme, Freiheit sei ein Wert, obgleich man seit Schellings Formel, Freiheit sei ein Vermögen zum Guten und zum Bösen zugleich, das Unzureichende dieser Vorstellung hätte bemerken müssen. Daß die Freiheit ambivalent und eine Medaille mit zwei verschiedenen Seiten und daher so nützlich wie schädlich, jedenfalls aber unvermeidlich ist, das ist freilich schon früh, und später aller Propaganda zum Trotz, immer wieder reflektiert worden. In unserer Zeit hat nun Günther Anders (*1902) mit seiner These, der Mensch sei unbestimmt und in der Welt auf kein Verhalten festgelegt, wieder an diese Tatsache erinnert. Er hat seine These freilich selbst nie expliziert, ihr soll hier, auch im Rückgang auf ihre historischen Ursprünge, nachgedacht werden.

Der Ausgangspunkt des philosophischen Denkens von Günther Anders war die Anthropologie, doch bekannt wurde er mit dem apokalyptischen Thema der möglichen Selbstvernichtung der

Menschheit, deren Ergebnis eine Welt ohne Menschen, vielleicht ohne Leben wäre. Diesen Wechsel von der philosophischen Anthropologie zur politischen Philosophie bezeichnet er selbst als eine »Kehre« und gibt als Begründung dafür an, daß die Anthropologie überholt sei; denn es sei »philosophisch infantil«[2], die Frage nach dem Wesen des Menschen mit einem Unterschied zu anderen Lebewesen zu beantworten. Sinnlos sei es aber auch, das Wesen des Menschen in einer »spezifischen Mission im Universum« (S. 128) sehen zu wollen, weil diese Annahme den Glauben an Gott voraussetze, und selbstgefällig sei die Frage nach dem Menschen zudem, da man zum Beispiel auch nicht nach dem Wesen des Pferdes frage. Diese Begründung ist von einer erstaunlichen Primitivität, und wer gehofft hatte, die Probleme, die man bisher in der Frage, was der Mensch sei, artikulierte, durch Anders sinnvoller formuliert, gar beantwortet zu erhalten, wird enttäuscht, zumal auch Anders mit derselben Infantilität, die er gerade rügte, den Menschen im Unterschied zu anderen Lebewesen definiert; denn er schreibt selbst, daß er seit langem im Menschen (und eben nicht in den Tieren oder Pflanzen) »das nichtfestgelegte, das indefinite Wesen gesehen« (S. 129) habe. Wenn aber über den Menschen immerhin zu sagen ist, daß er in der Welt nicht festgelegt sei, dann behauptet auch Anders eine Sonderstellung des Menschen, wenn vielleicht auch eine bedenklichere, als sie bisher angenommen wurde; denn viele Ansätze zur Erläuterung der exklusiven Stellung des Menschen in der Welt haben, von der menschlichen Gottesebenbildlichkeit mehr oder weniger überzeugt, eher ideale Vorstellungen als die Realität beschrieben. Die der menschlichen Unbestimmtheit entsprechende Anthropologie, schreibt Günther Anders weiter, habe er allerdings schuldig bleiben müssen, da ein indefinites Wesen »definieren zu wollen paradox wäre« (S. 129). Dennoch und obwohl die philosophische Anthropologie antiquiert sein soll, nennt er sein Werk ungeniert eine »philosophische Anthropologie im Zeitalter der Technokratie« (S. 9).

Diese Fülle von Widersprüchen schon im Ansatz ist nicht mit dem Argument zu entkräften, Anders schrecke auch sonst nicht vor Ungereimtheiten zurück, und dies besage also nicht viel, sondern begründet erste Zweifel an der Durchführung seiner Kehre;

denn er steht auch nach ihr noch dort, wo die philosophische Anthropologie immer schon stand, und daher versucht er wie diese, negative Auswirkungen des menschlichen Denkens und Handelns bis hin zur möglichen Selbstzerstörung mit den üblichen Vorschlägen aus dem Repertoire der Ethik zu verhindern. Aber die Selbstvernichtung der Menschheit, die heute möglich geworden ist, und die Zerstörung der Humanität, die schon immer Wirklichkeit war, sind keine Versehen, die sich mit Appellen verhindern lassen. Sie sind keine Verkehrungen und bloße Verirrungen des Menschen, sondern immanente Konsequenzen aus seiner Unfestgelegtheit. Diesen Zusammenhang, aus dem sich erst eine Vorstellung des Menschen gewinnen läßt, die weder in die Resignation vor einem unabwendbaren Schicksal noch zu hilflosem moralischen Aktivismus führt, hat Anders freilich nie analysiert. Dennoch finden auch seine späteren Überlegungen zur denkbaren Selbstvernichtung des Menschen in diesem Zusammenhang ihre philosophische Begründung; denn gerade dadurch, daß der Mensch nicht festgelegt ist, kann und will er »grundsätzlich nicht gesund sein« (S. 129), wie Anders selber schreibt. Das Leben ist niemals einfach nur gesund, sondern gewinnt sich aus einer diffizilen Balance, die Tod und Hoffnung gleichermaßen in sich trägt.

Für Anders ist die grundsätzliche Situation des Menschen seine Weltlosigkeit oder »die 'Unfestgelegtheit des Menschen', d.h.: die Tatsache, daß dem Menschen eine bestimmte bindende Natur fehlt,«[3] daß wir Menschen also »auf keine bestimmte Welt und auf keinen bestimmten Lebensstil festgelegt, vielmehr darauf angewiesen seien, uns in jeder Epoche, an jedem Orte, wenn nicht sogar tagtäglich, eine neue Welt und einen neuen Lebensstil zu besorgen oder zu schaffen; daß, wenn wir uns als 'geschichtlich' und als 'frei' bezeichnen, (wir) nichts anderes täten, als diesen anthropologischen Defekt 'Nichtfestgelegtheit' zu positivieren.«[4] Er glaubt, Sartre und Gehlen seien später mit diesem Gedanken, den er selber schon 1929 formuliert habe,[5] berühmt geworden. Dieser Gedanke ist jedoch älter, und daß er auch anders denn als bloßes Defizit zu denken ist, bezeugt nicht nur die Tradition, in der er steht, sondern klingt gelegentlich bei Günther Anders selbst an, wenn er etwa schreibt, die Menschheit habe immer versucht, »ihre Unfestgelegtheit durch sich selbst auferlegte Verbindlichkeiten zu kompensieren; sich sozial und psychologisch immer aufs neue festzulegen; immer Neues aus sich zu machen; (...) weil sie immer nur als *bestimmte* Gesellschaft, wie verkünstelt diese auch sein mochte, funktionieren konnte.«[6] Das Nichtfestgelegtsein ist damit die Bedingung für die Möglichkeit des Menschen, sich immer neu bestimmen und jede Bestimmung in einem geschichtlichen Prozeß durch eine andere überschreiten zu können und in diesem Prozeß seine Freiheit zu haben.

Dieser Zusammenhang wurde zum ersten Mal in der Philosophie der Renaissance thematisiert und zwar durch den italienischen Philosophen Giovanni Pico della Mirandola (1463–1494). In einer wenig umfangreichen, aber bedeutenden Schrift mit dem Titel »De hominis dignitate« (Über die Würde des Menschen) reflektierte er die Freiheit des Menschen auf eine sehr moderne und zu seiner Zeit sehr unzeitgemäße Weise. Für Pico ist das eigentliche Kennzeichen des Menschen, das ihn von allen anderen Geschöpfen unterscheidet, seine Bestimmungslosigkeit oder seine Unfestgelegtheit in der Welt; denn »den anderen Lebewesen ist ihre Natur bestimmt«[7] und auf die von Gott gegebenen Gesetze beschränkt, nur der Mensch ist »in keine Beschränkungen eingeschlossen« (S. 314). Sieht man nur auf diese Unbestimmtheit, kann man den Menschen als defizient und als Mängelwesen begreifen, wie man es in unserer Zeit ja auch getan hat, um auf diesem Begriff dann eine ganze Anthropologie zu errichten. Das ist aber ein sehr fragwürdiges Verfahren, das den Menschen auf seine Unbestimmtheit reduziert, während diese doch im Vollzug des Lebens immer schon aufgehoben ist; denn der Mensch muß sich immerfort entscheiden und festlegen und kann sich solchen Entscheidungen nicht entziehen, da ihn sonst eben die Umstände oder die Entscheidungen der anderen bestimmen. Er ist daher niemals und in keiner Hinsicht unbestimmt. Der Ausdruck der Unbestimmtheit kann daher nur meinen, daß der Mensch nicht von vornherein schon festgelegt ist, sondern sich im Rahmen der Welt verschiedene Bestimmungen geben kann. Das meint Pico, wenn er ein wenig überschwenglich schreibt, Gott habe dem Menschen »alle möglichen Samen und Keime allerlei Lebens« (S. 315) gegeben. Dieser Spielraum menschlichen Verhaltens wird auch nicht dadurch eingeschränkt, daß der Mensch immer schon bestimmt ist; denn er ist an keine Bestimmung fest gebunden, sondern kann jede wieder aufgeben und sie durch eine andere ersetzen, weil er sonst nicht mehr unbestimmt, sondern eben doch festgelegt wäre. Daher nennt Pico den Menschen ganz anschaulich ein Chamäleon und hält ihn dieser Änderungsfähigkeit wegen für besonders bewundernswert. Doch was einerseits bewundernswert ist, hat andererseits seinen Preis; denn in diesem Prozeß fortwährenden Bestimmens hat sich der Mensch nicht unmittelbar, sondern bildet sich erst und findet seine Identität darin, nie mit sich identisch und bei sich selbst zu sein.

Mit diesem Ansatz erweist sich Pico als zwar früher, aber dennoch direkter Vorläufer Hegels, der über ihn allerdings kaum mehr zu sagen weiß, als daß er ein originaler Kopf gewesen sei. Hegel entwickelt nämlich, ausdrücklich unter dem Namen der Freiheit, dieselbe Struktur der Bestimmbarkeit des Menschen in der Welt und entfaltet sie mit denselben Momenten der Unbestimmtheit und des Bestimmtwerdens. In seiner »Rechtsphilosophie« definiert er Freiheit zunächst als Unbestimmtheit, »in welcher jede Beschränkung, jeder durch die Natur, die Bedürfnisse, Begierden und Triebe unmittelbar vorhandene oder, wodurch es sei, gegebene und bestimmte Inhalt aufgelöst ist.«[8] Frei kann der Mensch eben nur genannt werden, wenn er nichts Bestimmtes wollen muß, und wenn er nicht schon von vornherein festgelegt ist. Doch zur Freiheit gehört andererseits auch die Möglichkeit, *etwas* zu wollen und sich auf etwas Bestimmtes zu beschränken. Freiheit ist daher auch das »Setzen einer Bestimmtheit als eines Inhalts und Gegenstands« (S. 52). Aber auch für Hegel kann das Bestimmen nicht dazu führen, daß der Mensch irgendwann einmal eine feste Bestimmung erreichte. Jede Bestimmung ist vielmehr nur »eine bloße *Möglichkeit,* durch die es (das Ich) nicht gebunden ist« (S. 54), und »das im Entschluß Gewählte kann der Wille ebenso wieder aufgeben« (S. 68). Die Freiheit ist deshalb für Hegel »die Einheit dieser beiden Momente« (S. 54), sie »liegt also weder in der Unbestimmtheit noch in der Bestimmtheit, sondern sie ist beides« (S. 57). In dieser auf keinen synthetischen Begriff gebrachten Formulierung anerkennt Hegel als grundlegende Situation des

Menschen seine unaufhebbare Bestimmbarkeit, auch wenn er diesen Ausdruck selbst nicht gebraucht. Freiheit ist damit wie bei Pico della Mirandola ein fortdauernder Prozeß des Bestimmens, des Auflösens von Bestimmungen und des Übergehens in andere. Daher sagt Hegel von der Freiheit ausdrücklich, sie sei »nicht ein Ruhendes oder Seiendes, sondern Tätigkeit.«[9] Das Weitergehen, Umschaffen und Verändern, ein prinzipielles Unbefriedigtsein, sind konstitutive Elemente des Lebens, und deshalb wird der Traum der Beständigkeit stets enttäuscht. Faust, der es am Ende seines Lebens wissen muß, glaubt daher vom Menschen sagen zu dürfen:

Im Weiterschreiten find' er Qual und Glück,
Er, unbefriedigt jeden Augenblick!

In einer fixen Bestimmung verbleiben und in ihr seinen Schrebergarten Eden haben zu wollen, ist der Tod im Leben; denn um den lebendigen Menschen ist es geschehen, wenn er sich mit einem bestimmten Zustand seiner selbst zufrieden geben will. Das anerkennt schließlich auch Faust als den Preis, den er für seinen Pakt mit dem Teufel zu zahlen hat. Der Tod oder die ewige Ruhe ist die einzige, wirklich dauerhafte Bestimmung des Menschen in der Welt. Ob sie auch eine befriedigende sei, kann mit einem Peut-être versehen werden.

Indem sich der Mensch bestimmt, bzw. bestimmt oder manipuliert wird, richtet er sich nicht in der bestehenden Wirklichkeit ein, sondern löst sie auf; denn das Bestimmen ist nicht nur Setzen einer neuen Bestimmung, sondern auch ein kühner Akt der Auflösung einer schon bestehenden und vertrauten. Allein dieses Auflösen begründet die Hoffnung auf bessere Verhältnisse, weil die bestehenden dadurch die schlechten sind, daß sie fest gegründet zu sein scheinen. Wegen dieses fortwährenden Auflösens ist der Mensch aber nie mit sich identisch; denn da er in einer Bestimmung nicht das ist, was er in einer anderen ist, ist er in keiner wirklich bei sich, sondern bezieht sich stets auf sich als ein jeweils anders Bestimmbarer. Er ist so immer außer sich, und in diesem Verhältnis erfährt er sich als bloße Natur; denn die Natur ist das Außersichsein, sie ist, wie es Hegel formuliert, »die Idee in der Form des Andersseins« und »die Äußerlichkeit macht die Bestimmung aus, in welcher sie als Natur ist.«[10] Daß der Mensch nie bei sich selber ist, ist auch die Ursache seines diffusen, aber beharrlichen Gefühls der Fremdheit in der Welt. Günther Anders hat dieses grundlegende Fremdsein an Texten von Döblin und Kafka dargestellt; denn, so schreibt er in seinem Kafka-Essay, »zahlreiche Kafkasche Fabeln und sein Roman 'Amerika' beginnen mit Ankunftssituationen, (...) und alle hören als vergebliche Ankunftsbemühungen auf.«[11] Nicht die Zukunft und nicht die kommende, »sondern die *bestehende* Welt« (S. 57) sei bei Kafka die Fremde, und sein ganzes Werk sei von dieser prinzipiellen Heimatlosigkeit des Menschen durchzogen. Aus ihr erwächst das Bedürfnis, irgendwo dazuzugehören und daheim zu sein, ein Bedürfnis, das manchmal sonderbare Erfüllung sucht, weshalb Anders gesteht, in seine Bewunderung für Kafka habe sich »ein Gran von Verachtung« hineingemischt, weil er manche »Bemühungen, dazuzugehören« (S. XXXII) schon für unwürdig halte.

Was sich im Leben schon verwirklicht hat, läßt sich im Gegenwärtigen oft nicht mehr finden, manches ist vergessen, anderes unwiederbringlich dahin. Vieles ist noch nicht und wird vielleicht nie sein, so sehr man sich auch müht. Was aber, kümmerlich genug, unmittelbar da ist, geht rasch dahin, um einer neuen, ebenso beschränkten Bestimmung Platz zu machen. Nie ist das Leben ganz, immer fehlt ihm die Fülle und Vollendung und hält eben darum die Sehnsucht danach wach. Platon nennt dieses Verlangen nach Ganzheit und Vollendung Eros. In seinem »Symposion« schildert er die mythische Zeugung des Eros durch Penia und Poros, wobei Penia die Dürftigkeit und den Mangel verkörpert, während Poros die Fähigkeit personifiziert, für alles Mittel und Wege zu finden, stets Pläne zu schmieden und Auswege zu ersinnen. Als Sohn der Penia ist Eros »heimatlos, (...) weil er die Natur der Mutter hat, ist er immer vom Mangel betroffen«[12], aber vom Vater her ist er »ein gewaltiger Jäger, immer schmiedet er irgendwelche Ränke« (203 d 5f); denn die Erbschaft seiner Mutter macht es nötig, daß er seinem Mangel abzuhelfen versucht, verhindert aber auch, daß dies wirklich gelingt. Platon bezieht dieses Wesen des Eros unmittelbar auf den Menschen und fährt daher fort, man spreche zwar vom Menschen, als bliebe der immer derselbe, tatsächlich sei er aber in ständigem Wechsel begriffen; sein Charakter, seine Überzeugungen, Bedürfnisse und Gefühle, selbst sein Wissen änderten sich fortwährend: »Nichts von alledem bleibt dasselbe, sondern das eine entsteht, und das andere löst sich auf« (207 e 3-5). So erhält alles seine Identität »nicht dadurch, daß es immer dasselbe bleibt, wie das Göttliche, sondern dadurch, daß das Abgehende und Veraltende ein anderes, Neues von gleicher Art hinterläßt« (208 a 8-b 2). In seinem Symposionkommentar »De amore« von 1469 erläutert Marsilio Ficino, der Hauptvertreter der (neu)platonischen Akademie in Florenz, diesen Mythos auf eine erstaunliche Weise. Platon habe mit Recht den Eros heimatlos genannt; denn in der Liebe wende man sich dem Begehrten zu, als läge dort und nicht in einem selbst das eigene Wohl; man wünsche nicht mehr, bei sich selbst zu sein, sondern wolle in den anderen übergehen, und mit diesem Wechsel verzehre sich der Lebensgeist des Betroffenen. Ficino schließt diese Analyse mit dem freilich nur im Lateinischen eleganten Satz: »Das erste ist verbunden mit Tollheit und Beunruhigung, das zweite mit Lähmung und Todesangst und das dritte mit Unruhe, Spannung und Beklemmung.«[13] Dieser Satz scheint zunächst nur eine psychologische Erklärung und eine bloße Beschreibung des Zustandes der Verliebtheit zu sein, doch mit dem Hinweis darauf, Eros sei Angst, weil er die Erfahrung des Außersichseins und der Fremdheit sei, wird er zu einer großen Einsicht: die Heimatlosigkeit des Eros ist seine Unheimlichkeit und begründet seine schon von Platon so genannte dämonische Natur.

So ist bei Ficino zum ersten Mal die als Eros verstandene Erfahrung des Außersichseins, des Nicht-Beisichseins als Angst interpretiert, und unter diesem Gesichtspunkt wurde die Angst fortan immer reflektiert, wenn mehr als eine Emotion unter ihr verstanden werden sollte. Dieser bei Ficino nur nebenbei erwähnte Gedanke wurde später deutlicher ausgesprochen, etwa wenn Kierkegaard die Angst ausdrücklich als das Verhältnis des Menschen zu sich selbst versteht: »Wie verhält der Geist sich zu sich selbst und seiner Bedingung? Er verhält sich als Angst. Seiner selbst ledig werden kann der Geist nicht; sich selber ergreifen kann er auch nicht, *so lange er sich selbst außerhalb seiner hat;* ins Vegetative versinken kann der Mensch auch nicht; denn er ist ja bestimmt als Geist.«[14] Nichts scheint da zu sein, worauf er sich als Geist zu gründen vermag, außer »die ängstigende Möglichkeit zu *können.* Was es ist, das er kann, davon hat er keine Vorstellung« (S. 43); denn in jeder Verwirklichung seiner selbst entziehen sich ihm seine Möglichkeiten, die sich in der realisierten nicht verwirklichen. Eben hierin liegt ja das Beängstigende. Darum ist das in der Angst Drohende nicht etwas Zukünftiges, das Bedrohende ist vielmehr immer »schon da«, wie Heidegger mit ausdrücklichem Bezug auf Kierkegaard schreibt. Wer erst hinausziehen muß in die Fremde, um das Gruseln zu lernen, der ist wahrlich ein Tor; denn jedes Dasein enttäuscht, weil jede Bestimmung enttäuscht, und darum ängstigt jedes Dasein. Doch die Wirkung der Enttäuschung ist nicht die Erleichterung über die abgetane Täuschung; denn mit jeder neuen Bestimmung wiederholt und reproduziert sie sich, und ihre Wahrheit ist, daß sie unwahr ist. Hinblickend auf den zum Leerlauf gewordenen Lauf der Welt erkennt sich der Mensch deshalb nicht in seiner Fremdheit und in seinem Außersichsein, sondern erfährt diese nur als Bedrohung und als Angst.

Aus dieser Angst erwächst die Sehnsucht nach Überwindung der ängstigenden Situation. Kierkegaard hat daher die Angst des Menschen in Erinnerung an »das ängstliche Harren der Kreatur« (Röm. 8,19) mit den Begriffen der Erwartung und des Sehnens beschrieben; »denn in der Angst bekundet sich der Zustand, aus dem er sich heraussehnt, und bekundet sich, insofern als das Sehnen nicht genug ist, um ihn frei zu machen« (S. 57). In dieser Sehnsucht artikuliert sich das Bedürfnis des Menschen, seinem Außersichsein zu entkommen, sie beschreibt den Beginn der Entwicklung, »wie die Natur an ihr selbst dieser Prozeß ist, zum Geiste zu werden, ihr Anderssein aufzuheben«[15] und bei sich zu sein. Die Notwendigkeit dieser Entwicklung ist ein Grundgedanke aller idealistischen Philosophie, die sich über die Folgen dieser Entwicklung aber auffallend wenig Gedanken macht; denn der Fortschritt vom Außersichsein als Natur zum Beisichsein als Geist erzeugt ja nicht nur die »Künstlichkeit«, die auch für Anders die Natur des Menschen ausmacht, sondern fordert auch Opfer, die aber im Bewußtsein, nur so der Naturverhaftetheit entrinnen und dadurch die Angst bannen zu können, hingenommen werden. Deshalb schreibt Hegel ohne Skrupel den bekannten, oft zitierten Satz, daß im Verlauf der Geschichte manches zertrümmert und manche unschuldige Blume zertreten werden müsse. Immerhin scheint ihm die Geschichte dieser Opfer wegen doch eine »Schlachtbank« zu sein, auf welcher das Glück der Völker und Individuen geopfert werde. Doch dieser Gedanke, der die bisherige Geschichte ohne Umschweife und ohne Bedauern rechtfertigt, hat seither vielen eingeleuchtet, und so behauptet der Historiker Friedrich Meinecke nicht nur, daß die Staatsräson »einen entschlossenen Aufstieg vom Naturhaften zum Geistigen«[16] fordere, sondern er glaubt auch, daß der Staatsmann zur Beförderung dieses Aufstieges sogar »Recht und Sitte verletzen« (S. 7) dürfe. Da diese aber selbst nur Wirkungen des Geistes sind, zeigt sich hier, wie in der Entgegensetzung zur Natur der Geist mit sich selbst in Widerspruch gerät. Solche Theorien führen konsequenterweise dazu, das Zertreten der Menschheit selber und nicht nur einzelner Exemplare zu denken und in Szene zu setzen. Wir wüßten es alle, schrieb Ulrich Horstmann mit dem Gestus dessen, der glaubt, etwas besonders Kühnes zu sagen, »daß wir ein Ende machen müssen mit uns und unseresgleichen, so bald und so gründlich wie möglich – ohne Pardon, ohne Skrupel und ohne Überlebende«[17]. Nicht zufällig verwendet er das Vokabular aus dem Wörterbuch des Unmenschen, wenn er hofft, daß wir uns alle »jenem sanften Transport in die Vernichtung überantworten, die aller Not ein Ende bereitet« (S. 112). Die Krönung der Geistwerdung des Menschen liegt also in seiner Selbstvernichtung, und in dieser Möglichkeit, die kein Triumphmarsch des Geistes ist, auch wenn es heute als schick gilt, ihr zu applaudieren, sondern sein Scheitern in der Angst, haben die Befürchtungen von Anders hinsichtlich unserer Zukunft ihren eigentlichen Grund.

Die Angst hat ihren Ursprung in der erotischen Struktur der Freiheit, und daher muß, wer jener entgehen will, diese zerstören. Man muß also die Möglichkeit, jede Bestimmung aufheben zu können, selbst aufheben. Dadurch wird die Freiheit als Negation des Auflösens von Bestimmungen zur Affirmation, zum Setzen des

Bestimmtseins oder zur Positivität. Mit einer fixen Bestimmung erhält der Mensch eine feste Stellung im Kontor der Welt, und seine Position garantiert ihm nun ein solides Selbstbewußtsein. In der Unterordnung unter sie füllt sie ihn aus, und indem er nicht mehr ist als sie, befriedigt sie ihn auch. Deshalb ist die Angst, die eigentlich etwas Gewöhnliches und Alltägliches sein müßte, in Wirklichkeit so rar, daß Günther Anders mit Recht feststellen kann: »*über* Angst spricht heute jedermann. Aber *aus* Angst sprechen nur sehr wenige.«[18] Doch diese Überwindung der Angst hat ihren Preis; denn ist der Mensch erst fest bestimmt, macht er keine neuen Erfahrungen mehr, er kennt keine weiteren Bedürfnisse, Hoffnungen und Enttäuschungen, sondern erfüllt sich in dieser seiner Bestimmung und ist in ihr ganz er. Zu ihm gehört nicht mehr, was er als Bestimmbarer noch nicht ist, aber einmal sein kann oder wird, und dieser Zukunftslosigkeit entspricht seine Erinnerungslosigkeit; denn er zerstörte sich als dieser bestimmte Mensch, wenn er sich an sich als ein anders Bestimmter erinnerte. Indem eine besondere Gestalt des Lebens aus ihrer gewordenen und damit Zukunft verbürgenden Tradition herausgehoben wird, geht dem Menschen alle geistige Erfahrung verloren. Nicht, daß er anderes nicht mehr erfahren wollte, er erfährt anderes nicht mehr. Das Unverständnis aber maskiert sich mit dem Grinsen über die Angst, die man nicht mehr hat; was noch an Trauer in ihr war, ist zum Frohsinn verkommen. So verstümmelt Positivität den Menschen zu einem bloßen Torso seiner Möglichkeiten, dem, wie seinen archaischen Brüdern auch, am leichtesten der Kopf fehlt, der aber weder sich noch anderen Rilkes Botschaft kündet, daß man sein Leben ändern müsse.

Der bestimmte und durch seine Bestimmung mit sich identische Mensch ist immer bei sich, und dieses Beisichsein des Geistes ist bisher stets das Ziel der Reflexion über die Freiheit gewesen. Daher löst auch Hegel den unversöhnten Gegensatz von Unbestimmtheit und Bestimmtheit dadurch auf, daß er ihn mit dem Gegensatz von Allgemeinheit und Besonderheit identifiziert und diesen Gegensatz dann im Begriff der Einzelheit oder Subjektivität aufhebt. Im Widerspruch zu seinen Analysen der Bestimmbarkeit ist Freiheit daher schließlich auch bei ihm »die Selbstbestimmung des Ich«[19], so daß das Ich auch in seiner jeweiligen Bestimmung, »in diesem Anderen bei sich selbst sei, daß, indem es sich bestimmt, es dennoch bei sich bleibe« (S. 57). Mit diesem Freiheitsbegriff artikuliert Hegel das Selbstverständnis des bürgerlichen, eben schon bestimmten Subjektes, weshalb er zur Erläuterung dieses Begriffes auf die bürgerlich interpretierte Empfindung der Liebe, auf die Liebe der geordneten Verhältnisse, verweist; denn »hier ist man nicht einseitig in sich, sondern man beschränkt sich gern in Beziehung auf ein Anderes, weiß sich aber in dieser Beschränkung als sich selbst« (S. 57) und erfüllt somit den Begriff bürgerlicher Subjektivität aufs Schönste. Diese Bratenrockverliebtheit, die in einem anderen sein, sich aber um Himmels willen nicht ihn ihm verlieren will, ist Hegels Modell gelungener Freiheit. Das Auflösen von Bestimmungen, Fremdheit und Außersichsein sind also nur ephemere Erscheinungen, die das eigentliche Ziel, die Aufhebung der Fremdheit und Herstellung von Vertrautsein, nicht hindern können. Dieses Moment aufgehobener Fremdheit, das zwar im Bestimmtsein gedacht, aber im Bestimmen immer wieder aufgelöst wird, fixiert Hegel im Begriff der Versöhnung als das wahre Wesen der Freiheit. Die Freiheit als Versöhnung ist daher der oberste Begriff für seine gesamte Konstruktion von System und Geschichte.

Die Überformung des philosophischen Freiheitsbegriffes durch religiöse Vorstellungen, die keine Spezialität der Philosophie Hegels, sondern gang und gäbe ist, zeigt sich bei ihm exemplarisch in der Aussage, das Prinzip der Versöhnung sei zuerst in der Religion aufgegangen, weshalb sich auch in ihr die Liebe erfülle; denn, so Hegel wie der Pastor auf der Kanzel, »die höchste, eigentümlichste Form dieser Liebe ist die Mutterliebe Marias zu Christus, die Liebe der *einen* Mutter, die den Heiland der Welt geboren und in ihren Armen trägt«[20]. Das innige Bild der Versöhnung mit dem Erlöser suggeriert eine wenigstens in der Liebe mögliche Erlösung des Menschen von seinem Fremdsein, von der ganzen Heillosigkeit des Lebens. An diesem Gebrauch der Liebe in Mief und Kitsch hat man ein Beispiel für die von Anders beklagte Verfälschung der Liebe im 19. Jahrhundert, die »das Organon der Kommunion und der Erlösung«[21] wurde und nun »als Religionsersatz« (S. 65) dient. Von Goethes Gretchen bis zu Wagners Parsifal lügt sich diese Liebe durchs Jahrhundert. Versichert zu Beginn des Säkulums eine Stimme »von oben« (so Goethes Regieanweisung), sie sei »gerettet«, propagiert sein Ende »aus der obersten Höhe« (so Wagners Regieanweisung) die »Erlösung dem Erlöser«. Die dumpfen Schattenseiten dieser Art Liebe zeigten sich zwar schon damals in der individuellen und gesellschaftlichen Realität, prägten aber erst das Gesicht unseres Jahrhunderts ganz; denn dem Menschen, der seine Bestimmung gefunden und dadurch seine Angst überwunden hat, verwandelt sich auch die Liebe und wird zum Ausdruck des bestimmten, seiner selbst gewissen und in seiner Bestimmung sich nur auf sich selbst beziehenden Menschen. Diese Liebe braucht anderes nicht mehr zu ihrer Erfüllung, sondern gebraucht es, wahrhaft lieblos, nur noch zu ihren bestimmten Zwecken.

Im Bestimmtsein ist aber die Bestimmbarkeit des Menschen nicht unwirksam geworden, sondern als dessen Ursache bestätigt; denn mit einer Bestimmung ist zwar Bestimmtheit erreicht, nicht aber deren Dauer garantiert. Der Mensch will aber nicht nur bestimmt sein, sondern es bleiben, weshalb er versuchen muß, jede weitere Entwicklung zu unterbinden. Zu diesem Zweck wird jede Bestimmung in höhere und umfassendere eingebunden, die wiederum in noch komplexeren Strukturen aufgehen; denn auch sie müssen gegen ihre mögliche Auflösung gesichert werden. So ist die Bestimmtheit garantierende Macht schließlich kein einzelnes Faktum oder Gebot, die immer willkürlich und unsicher bleiben, sondern das System, in dem alles seine bestimmte Stelle und Bedeutung hat; denn das System verleibt sich alles ein und duldet nichts außer sich, in sich aber läßt es nichts unbestimmt und frei fluktuieren, sondern weist allem seinen Platz zu und bringt im Einordnen, im Unter-, Neben- und Überordnen ein Geflecht von Zuordnungen zustande, das Bestimmtheit in die chaotische Mannigfaltigkeit bringt. Fügen und Sichfügen sind damit die strukturellen Bedingungen des Systems, durch die alle Lebensbereiche abgesichert werden. Auf theoretischem Gebiet besorgt dies das System der rationalen Logik, indem es das Vieldeutige in einen Zusammenhang und in begriffliche Eindeutigkeit zwingt. Es nennt die Dinge beim Namen, der sie als systemimmanent identifiziert. »Ach, wie gut, daß niemand weiß, daß ich Rumpelstilzchen heiß«, ist die Formel der Resistenz gegen diese Vereinnahmung, Aufbegehren dessen, was nicht in Zusammenhang sich zwingen läßt und Herrschaft sich verweigert. Noch in der Architektonik des deutschen Idealismus schlägt das System, dem dialektischen Programm zum Trotze, auch den philosophischen Geist in seinen Bann. Konsequenterweise betreibt Günther Anders seine Philosophie ohne systematische Absicht, aber doch mit dem Gedanken, daß sich seine Thesen nicht nur nicht widersprechen, sondern gegenseitig stützen sollten, als sogenannte »Gelegenheitsphilosophie«, und er ist davon überzeugt, daß es kein wirkliches Philosophieren je gegeben habe, das nicht solche Art Philosophie gewesen wäre. Im praktischen Bereich garantieren die auf verschiedenen Ebenen wirksamen Systeme von Moral und Recht, von Staat und Verwaltung die bestimmte Ordnung von Gesellschaften, so daß sie »'wie geölt' arbeiten«[22] (S. 140) und mit Menschen, »die gefügig im Gefüge funktionieren« (S. 141). Was sich aber nicht fügt, ist Unfug und auszumerzen. Es ist nur der schreckliche Höhepunkt dieser Haltung, und damit rückt Anders den Schwulst der »unschuldigen Blumen« von Hegel zurecht, daß, »wer keine bestimmte Funktion hat, nicht mehr als wirklichkeitswürdig, also als nichtig und zu vernichten gilt: In den Vernichtungslagern verkamen jene, denen man eine bestimmte Funktion nicht zuerteilen wollte oder konnte.«[23]

Die rechte Haltung der Bestimmtheit gegenüber ist die rigorose Akzeptanz ihrer Sicherung durch systematische Strukturen oder, wie es Kant arglos und übel zugleich ausdrückt, sie ist »Achtung, welche bloß das Bewußtsein der *Unterordnung* meines Willens unter einem Gesetze«[24] ist. Es ist bezeichnend, daß diese Bestimmung immer noch zustimmend zitiert wird, und daß das Wort von der Achtung selbst noch den Beifall derer findet, die für sich in Anspruch nehmen, nachzudenken. Diese Haltung der Positivität hat also durchaus ein Ideal, aber keine Menschlichkeit, kennt Tugenden, aber keine Moral, und Skrupel plagen sie nur insoweit, als noch Reste von Unsicherheit verbleiben. Doch mit der Verfestigung des Systems nimmt die Möglichkeit zur Umorientierung ab, so daß Anders nur eine alltägliche Erfahrung benennt, wenn er schreibt, unser Gehorsam sei gesichert, »ohne daß wir einen Befehl als Befehl hätten zu vernehmen brauchen«[25]. Seine im gleichen Zusammenhang gebrauchte Formel von der »Abschaffung des Konjunktivs« (S. 198) umschreibt ebenfalls diesen Verlust des Bewußtseins der Freiheit. Während so die Unsicherheit geringer zu werden scheint, nimmt, wenn zunächst auch nur schleichend, die Erstarrung des Ganzen zu. Das Ergebnis war bisher allerdings mangelhaft und führte immer nur zur Erstarrung bloß in der Idee und auf der Ebene des Sollens; denn die Möglichkeit zur Umorientierung konnte immer nur erschwert, doch nicht wirklich aufgehoben werden. Sie gänzlich aufzuheben, bedeutete, das Leben vollständig zu vernichten, und eben diese Möglichkeit, der höchste Fortschritt einer Ethik der Positivität, ist heute potentiell erreicht. Deshalb schreibt Anders mit Recht, unser Zeitalter sei »das *letzte,* weil die Gefahr, in die wir uns durch unser spektakuläres Produkt (die Bombe) gebracht haben, und die nun das endgültige Kainszeichen unserer Existenz geworden ist, niemals aufhören kann – es sei denn durch das Ende selbst« (S. 20). Global ist damit geworden, was Kierkegaard noch als ein individuelles Problem ansah, nämlich daß der Mensch das Abenteuer zu bestehen habe, »das Sichängstigen zu lernen, damit er nicht verloren sei, entweder dadurch, daß ihm niemals angst gewesen, oder dadurch, daß er in der Angst versinkt; wer daher gelernt, sich zu ängstigen nach Gebühr, der hat das Höchste gelernt.«[26] Das Versinken in der Angst interpretiert Kierkegaard aber ausdrücklich als die Möglichkeit der Selbstvernichtung des Menschen.

Aus der Unfestgelegtheit des Menschen folgt so unmittelbar die Möglichkeit seiner Selbstvernichtung. Doch diese Realität als Schrecken zu formulieren, wie es Günther Anders tut, verharmlost das Problem; denn was eine innere, wenn auch nicht notwendige Konsequenz ist, scheint dann nur noch eine fehlerhafte Entwicklung zu sein, gegen die man *im Prinzip* etwas unternehmen könne. Anders gesteht zwar gewisse Schwierigkeiten bei der Suche nach neuen Geschlechtern von »Untergangsgegnern« ein, da es nichts helfe, an Vernunft oder Moral zu appellieren, und so seien seine Warnungen bisher verhallt wie die Rufe der Kassandra. Doch daß diese »*recht* behalten hat«[27], worauf Günther Anders insistiert, hat den Troern so wenig geholfen, wie es uns helfen wird. Nun propagiert Anders sogar den »Versuch, mit Gewaltakten die Menschheit zu retten«,[28] da wir »samt unseren Nachkommen durch Gewalttätige tödlich gefährdet« (S. 167) seien. Wir müßten daher versuchen, »aus moralischer Leidenschaft über unseren eigenen moralischen Schatten zu springen und effektiv zu handeln« (S. 83). Moralische Beschwörungen und Aufrufe zur Gewalt sind aber auch nur, mit einem eigenen Wort von Anders, »Happenings«, die die Strukturen nicht beseitigen und auch gar nicht beseitigen können, die zu unserer realen Selbstbedrohung führten. Sie sind nämlich nicht nur bloß beschränkt wirksam, sondern prinzipiell falsch; denn sie führten nur dann zur erstrebten Sicherheit, wenn ihre Inhalte selbst zur festen, systematisch abgesicherten Bestimmung würden, wenn sie also mit der Bestimmbarkeit das vernichteten, was sie zu bewahren beabsichtigen. Moralische Appelle und Gewalt standen daher bisher immer im Dienst des Systems und seiner Verfestigung und sind die Mittel, die uns dahin führten, wo wir uns nun erschrocken wiederfinden. Den Teufel mit Beelzebub auszutreiben, macht keinen Sinn. Wir brauchen auch keine neuen Ethiken, wie sie jetzt überall gefordert und feilgeboten werden, wir brauchen statt dessen ein Verständnis des Menschen, das seine Grundsituation, nicht festgelegt zu sein, berücksichtigt und sie, wenn es praktisch wird, erhält und befördert; denn nicht dadurch, daß wir mit neuen Normen neue Bestimmtheiten setzen, sondern dadurch, daß wir uns des Nichtfestgelegtseins erinnern und daher Bestimmungen immer wieder auflösen und scheinbar kontinuierliche Abläufe stören, können wir sowohl Menschheit wie Menschlichkeit bewahren. Ein interessanter, wenn auch vergessener Beleg für diese Einsicht findet sich in Tolstojs späten zornigen Pamphleten und Flugblättern, wo es heißt, »nicht die Ermordung der Alexander, der Nikolaus, der Wilhelm und der Humbert (...), sondern ein Aufhören in der Unterstützung der gesellschaftlichen Ordnung, aus der sie hervorgehen«[29], könne allein »zur Bildung einer vernünftigeren und gerechteren gesellschaftlichen Organisation« (S. 59f) führen; denn dieses Aufhören der Unterstützung einer bestimmten gesellschaftlichen Ordnung bedeutet, sie weder als einzig wahre noch als dauerhafte anzuerkennen. Indem man nicht mehr nach ihren Gesetzen funktioniert, löst man sie auf, während der terroristische Kampf gegen sie ihre Macht nur bestätigt. Ausgeschlossen ist die Selbstvernichtung des Menschen dadurch freilich nicht, doch auch damit beweist sich die Wirklichkeit der Freiheit.

Zwar haben wir heute vielleicht wirklich schon eine »nachrevolutionäre Situation«, die so verkrustet ist, daß Günther Anders mit Recht befürchtet, die Masse könne »gegen die Möglichkeit, daß ein Einzelner das Entscheidende tut, nichts mehr ausrichten«[30]. Doch wenn er daraus folgert, »wer heute noch die 'Veränderbarkeit des Menschen' proklamiert (...), ist eine gestrige Figur, denn wir sind verändert«[31], und wenn er behauptet, man könne daher vom Menschen nun »ein 'endgültiges Portrait'« (S. 9) zeichnen, dann hebt er seine beste, aber unreflektierte Einsicht von der Unfestgelegtheit des Menschen auf und nimmt selbst eine feste Bestimmung, die die Rattenfänger der Positivität erst erreichen wollen, als gegeben an. Doch wir verfügen zwar über unsere jeweilige Bestimmung, nicht aber über die Bestimmbarkeit, und deshalb können wir die Möglichkeit unserer geschichtlichen Veränderung niemals aufheben. Wenn unser Handeln, Denken und Empfinden auch mit Anweisungen durchtränkt werden, durch die wir wissen, was wir tun sollen und nicht dürfen, während wir kaum noch etwas zu hoffen haben, so kann doch auch dieser Versuch der Festlegung auf den blanken Irrsinn nicht endgültig sein, selbst wenn die Furcht der Wenigen vor der Möglichkeit der Selbstvernichtung gegenüber dem Stumpfsinn derer, die sie nicht begreifen, und dem systematisch abgesicherten Können derer, die sie bewußt betreiben, unerheblich zu sein scheint; denn jede Festlegung wendet die Bestimmbarkeit des Menschen, die sie als Ziel negiert, als Mittel an. Dieser Grundwiderspruch aller Bestimmtheit verhindert ihre stabile Einrichtung, und diese Hoffnungslosigkeit ist die einzige, wenn auch nicht sehr tröstliche Chance dafür, daß es mit uns unter Umständen doch noch nicht zu Ende ist.

II.

Die falsche Welt der rechten Vernunft

Vernunft und »richtige« Vernunft

Spätestens seit der Aufklärung ist die Hoffnung, mit der Vernunft bessere Zeiten anbrechen zu sehen, allgemein geworden; denn seither ist die Vernunft nicht nur die höchste Stufe der Erkenntnis, sondern als praktische Vernunft auch das ideale Mittel zur Gestaltung der Welt. Dieser Anspruch ist so groß wie unabgegolten. Daß er illusorisch sei, kann man freilich nicht behaupten, nicht aber weil Vernunft nicht dazu taugte, sondern weil sie dazu nicht verwendet wird; denn alle Aufklärung war bisher »an einer normativen Idee von Vernunft ausgerichtet – eine Vernunft, die sie, wie seit altersher üblich, richtige oder gesunde Vernunft nennt«[1]. Man neigt dazu, solche Wendungen wie die von einer richtigen oder gesunden Vernunft einfach hinzunehmen, obgleich doch schon der Hinweis, es handle sich dabei um eine *normative* Idee, solchen Leichtsinn verbieten sollte. Wäre die Formulierung nur pleonastisch im Sinne einer wahren oder eigentlichen Vernunft, könnte man sie übergehen, aber die These von einer normativen Idee richtiger Vernunft wirft Fragen auf; denn wenn der Gegenbegriff zur Vernunft Unvernunft ist, dann muß die Alternative zur richtigen die falsche Vernunft sein. Das ist aber ein unsinniger Begriff, weshalb auch der Begriff einer richtigen Vernunft nicht vernünftig sein kann. Er reduziert vielmehr nur die Vernunft und bringt sie auf ein Maß herab, bis sie uns richtig zu sein scheint.

Welche Bedingungen diese Reduktion einst möglich oder nötig

gemacht haben, wissen wir nicht, aber auf den Begriff gebracht haben sie die Stoiker. Daß der Stoa diese, die ganze Geschichte des abendländischen Denkens vergiftende Rolle zufallen würde, war ihr allerdings nicht schon an der Wiege gesungen worden. Sie ging ursprünglich von Ideen aus, die so ein Endergebnis überhaupt nicht erwarten ließen. Man muß sich ja immer bewußt bleiben, daß unter dem Firmennamen »Stoa« rund sechshundert Jahre Philosophiegeschichte und so verschiedene Geister wie Zenon und Chrysipp oder Seneca und Marc Aurel zusammengefaßt werden, so daß von vornherein mit völlig divergierenden Ideen und Theoremen, sogar mit Brüchen und Widersprüchen in der Lehre gerechnet werden muß. Der größte und fruchtbarste Gedanke, den die Stoa in ihrer Morgenfrische hatte, war die Idee der Gleichursprünglichkeit von Vernunft und Unvernunft, von Gut und Schlecht, von Schön und Häßlich. Sie maskierte diese Idee allerdings ein wenig, um Kleinmütige nicht zu erschrecken, und versteckte sie hinter der Vorstellung einer allgemeinen Weltvernunft. Zu erkennen war sie freilich auch in dieser Verkleidung, etwa wenn Kleanthes in seinem Hymnos von Zeus, dem einzigen vollständig erhaltenen Text der alten Stoa, sagt: »Du weißt das Unmäßige maßvoll zu machen und das Ordnungslose zu ordnen, und das Feindliche ist dir freundlich. So hast du alles, das Gute mit dem Schlechten, zusammengeeint, so daß nur ein einziger und immerseiender Logos ist in allem«[2]. Dieser Logos ist das eine und einheitliche Prinzip, das den ganzen Kosmos regiert. Deshalb ist auch das Schlechte und Unvernünftige nur ein Teil dieser Gesamtvernunft und somit selbst vernünftig. Die Vertreter der älteren Stoa haben in verschiedenen Wendungen immer wieder betont, daß der Logos »jeden Teil der Welt« (SVF II, 192) durchdringe, so daß die Welt in allen ihren Teilen belebt, vernünftig und verständig sei, und daß die Unterschiede zwischen den einzelnen Teilen nur dadurch zustande kämen, daß der Logos die Welt verschieden stark durchdringe, »bei manchem mehr, bei manchem weniger« (SVF II, 192). Dieser Gedanke, daß der Kosmos das schlechthin Vernünftige und deshalb nichts in ihm zu verwerfen sei, rechtfertigt nicht nur die Welt mit all ihren Erscheinungen, sondern auch den Menschen – in seiner Größe wie in seiner Schwäche. Nichts wird hier aus dem Begriff des Menschen ausgeschlossen, was überhaupt menschenmöglich ist; denn als Teil der Welt ist auch der Mensch in die allgemeine Natur eingebunden und hat an deren Gesamtvernunft teil.

Konsequenzen aus diesem Gedanken einer allgemeinen Weltvernunft haben die Stoiker freilich für kein Gebiet zu ziehen gewagt. Vor allem haben die Späteren diesen Haupt- und Grundgedanken nicht mehr verstanden, oder wollten und konnten es nicht mehr, und haben als römisches Parteiprogramm die Losung ausgegeben: Überall soll es nur noch vernünftig zugehen! Mit dieser Forderung ist aber der Gedanke einer allgemeinen Weltvernunft, die auch das Unvernünftige und Irrationale, die destruktiven und zerstörerischen Potenzen in sich enthält, nicht mehr zu vereinen. Wenn daher die römische Stoa die Lehrsätze der alten Stoiker nachplappert, muß man stets beachten, wie sehr sich bei ihr deren Stellenwert verändert hat, und so kann Seneca seine Behauptung aus dem Traktat »De vita beata«, die Weisheit liege darin, von der Natur »nicht abzuweichen und nach ihrem Gesetz und Vorbild sich sein Leben zu ordnen«[3], nicht mehr ernst gemeint haben; denn die Natur ist ambivalent, vernünftig und unvernünftig zugleich, und moralisch völlig indifferent, so daß sich der Mensch nicht an ihr Beispiel halten kann, wenn er vernünftig oder gut handeln will. Soll die Selbstbehauptung des Menschen als Mensch nicht in seiner primären Natürlichkeit untergehen, muß es im Menschen eine Instanz geben, die das in der allgemeinen Weltvernunft mitgedachte Unvernünftige und Destruktive nicht in sich enthält, die somit gleichsam *nur* vernünftig ist. Die Stoiker nehmen deshalb zwei Naturen beim Menschen an, nämlich die durch den allgemeinen Logos bestimmte und die dem Menschen eigentümliche, eben rein vernünftige. Diese nennen sie mit einem von Platon beziehungsweise der Alten Akademie übernommenen Begriff orthos logos oder im Lateinischen recta ratio, richtige oder rechte Vernunft. Dieser Begriff wird zwar schon in der alten Stoa verwendet, ist dort aber noch nicht recht ausgebildet, weshalb er in den Texten, soweit sie überhaupt greifbar sind, terminologisch noch nicht fixiert ist. Seine Bedeutung schwankt am Anfang ganz erheblich. So wird er nicht immer exakt von der allgemeinen Weltvernunft unterschieden und kann sowohl die subjektive Verstandestätigkeit, die prudentia, als auch eine objektive moralische Norm bezeichnen, und an einigen Stellen scheint er sogar nur im Sinne eines bloßen Wahrheitskriteriums gebraucht zu sein. Erst die späteren Stoiker verstehen, wenn sie begrifflich genauer reden (was bei ihnen leider nicht sehr häufig der Fall ist), unter orthos logos immer die besondere Natur des Menschen, seine rechte geistige Einstellung zu den Dingen und Werten, seine vernunftgemäße theoretische und praktische Grundhaltung.

Vernunftgemäß im Sinne des orthos logos sind also nicht alle Sachverhalte, sondern nur ein Teil der allgemeinen Weltvernunft, nämlich die im ausgezeichneten Sinne vernünftigen Teile daraus. Der Stoiker Diogenes von Babylon, der im 2. Jahrhundert v. Chr. starb, schreibt ausdrücklich, entscheidend sei »das vernünftige Verfahren *bei der Auswahl* dessen, was der Natur gemäß ist« (SVF III, 219). In dieser Auswahl liegt aber das große Problem, was nämlich von wem nach welchen Kriterien als vernünftig und der Natur gemäß ausgewählt wird. Dieses Problem, das selbst nicht vernünftig zu lösen ist, weil das Vernünftige erst durch seine Lösung herausdestilliert werden soll, lösten die Stoiker, wie wir es noch heute lösen, indem sie, ganz ohne methodische Skrupel, der allgemeinen Vernunft die eigene Meinung über das, was richtig oder vernünftig sein soll, unterschoben. Und so ist bis heute die subjektive Meinung die entscheidende Instanz bei der Auswahl des richtig Vernünftigen. Doch die eigene Meinung mag so ehrenwert sein, wie sie will, und ihr Anspruch auf allgemeine Gültigkeit so unerschütterlich, wie ihn nur ein selbstgewisses Bewußtsein hervorbringen kann, sie bleibt doch immer nur subjektiv. Die recta ratio anerkennt also nicht die Wirklichkeit und läßt sie nicht gelten, wie sie ist, um dann vernünftig darauf zu reagieren, sondern reduziert sie von vornherein auf eine subjektive Vorstellung von dem, was vernünftig, und auf welche Weise es dies sein soll. Schon hier zeigt sich also, daß man solche Formulierungen wie die von einer »richtigen« Vernunft nicht als bloßen Pleonasmus mißverstehen darf, sondern als Reduzierung ernst nehmen muß.

Dieser Reduktion unterliegt natürlich auch die Vorstellung vom Menschen. Soll er selbst den Anforderungen genügen, die sich aus dem Ansatz der recta ratio ergeben, muß er alles Unvernünftige, alle Antriebskräfte des Un- und Unterbewußten in sich kontrollieren und eliminieren. Deshalb betonen die Stoiker immer wieder, man dürfe sich nicht seinen Trieben, Affekten und Leidenschaften überlassen, wobei alle Affekte für unvernünftig gelten, nicht nur der Zorn oder die Furcht, sondern auch das Mitleid oder die Trauer. Wenn uns dieses Argument von der Unvernunft des emotionalen Lebens, die man nur ausschalten müsse, um eine reine Vernünftigkeit zu erhalten, heute noch überzeugt, dann zeigt dies, wie sehr wir immer noch in der Tradition dieses Begriffes der recta ratio befangen sind. Der Mensch wird also nicht unmittelbar als Mensch und Mitmensch geboren, sondern erst dadurch Mensch, daß er die nicht im engen Sinn vernünftigen Momente an sich abarbeitet. Der eigentliche Mensch ist daher nicht der konkrete Mensch mit seinen Schwächen und Unzulänglichkeiten, sondern ein konstruiertes Ideal, der stoische Weise, und das ist ein Ideal, das nach Auffassung mancher Stoiker vielleicht nie ein Mensch erreichen wird. Mit diesem Ideal erweisen sich all die schönen Worte, die gerade die römischen Stoiker über die Gleichheit und Gleichwertigkeit der Menschen und über deren Würde gefunden haben, als leeres Geschwätz. So findet Seneca nichts dabei, im 50. Brief an Lucilius über eine schwachsinnige Sklavin zu schreiben, sie sei »als ererbte Last«[4] in seinem Hause zurückgeblieben, und zu bekennen: »Ich selbst nämlich bin höchst kritisch gegenüber solcher Unnatur« (S. 397). Bei solchen Worten, die angesichts der gegenwärtigen Diskussion über Probleme im Umgang mit behinderten Menschen sehr modern klingen, kann natürlich von einer selbst nur schwachen Vorstellung von Menschenwürde nicht gesprochen werden. Mißgeburten gleich welcher Art, körperliche wie moralische, können noch nicht einmal mehr mit der Duldsamkeit und Nachsicht der anderen rechnen; denn »der Weise läßt sich durch die Gnade niemals rühren, er kennt keine Nachsicht für irgendein Vergehen«, wie Cicero ausdrücklich schrieb. Seneca, für viele immer noch ein Vorbild an Humanität, hat dies bündig in dem Satz zusammengefaßt: »Barmherzigkeit wird der rechte Mensch meiden.« Und das hat er in der Tat immer getan; denn die Berufung auf die recta ratio impliziert notwendigerweise die Ausgrenzung derer, die sich nicht auf diesen reduzierten Begriff des Vernünftigen festlegen lassen oder lassen wollen.

Wenn die Welt nach den Idealen zu gestalten ist, die sich aus der recta ratio ergeben, wenn sie die Ziele und den Rahmen des Vernünftigen absteckt, dann muß man dafür sorgen, daß die Welt nicht nur in den als vernünftig angesehenen Zustand kommt, sondern sich auch darin erhält. Man muß daher alles, was die rechte und vernünftige Organisation der Welt bedrohen könnte, zu verhindern suchen, und so wurden im Laufe der Zeit alle gesellschaftlichen Strukturen, die Politik wie die Justiz, die Wissenschaft und die Moral, diesem Prinzip der richtigen Vernunft unterworfen und mußten sich nach seinen Bedingungen richten. Sie wurden zu Disziplinierungsinstrumenten einer Vernunft, die glaubt, die Wahrheit zu besitzen und sich daher für berechtigt hält, alles zu kontrollieren und zu eliminieren, was sich ihr nicht unterwerfen will. Die gesamte Organisation des menschlichen Miteinander untersteht so einem umfassenden »ordo in jubendo et parendo«[5]. Unter der Herrschaft der recta ratio können nicht uneingeschränkte Freiheit und Vernunft eingeübt und gefördert werden, sondern eine Ordnung im Befehlen und Gehorchen, die »Disziplinierung aus und als Vernunft, aufgrund des orthos logos, der recta ratio, der aufrechten und rechten Vernunft« (S. 336). Dieser schon in der antiken Stoa angelegte Disziplinierungsprozeß ist später so perfektioniert worden, daß er einer »inhumanen Ordnung nicht nur stillschweigend beizupflichten in der Lage ist« (S. 352), sondern daß er sogar »dem Interesse gerade des Einzelnen an Freiheit ins Gesicht schlägt« (S. 352f)". An diesen Konsequenzen des Begriffes orthos logos beweist sich praktisch, was sich schon in seinem Widerspruch zur stoischen Grundidee einer allgemeinen Weltvernunft theoretisch gezeigt hat, daß nämlich dieser Begriff der große weltanschauliche Sündenfall der Stoa ist. Während die Stoiker über ihn das vernünftige Leben begründen wollten, rechtfertigten sie unabsichtlich mit ihm, was schon immer üblich war, nämlich das Ausgrenzen von Menschen, ihre Diffamierung als minderwertig, ihre Verfolgung und schließlich ihre Vernichtung. So wurde der Begriff, der dazu dienen sollte, menschenunwürdiges Dasein zu verhindern, zum Mittel der Apologie für die bestehende schlechte Praxis, und das Inhumane, das die Stoiker aus dem privaten wie aus dem gesellschaflichen Leben beseitigen wollten, kehrte als konstitutives Element ihrer Humanität wieder. Das ist das stoische Dilemma, das wir von ihnen übernommen haben, und das immer noch unsere Vorstellung von Humanität bestimmt.

Das wird um so deutlicher, je eindeutiger man sich dabei auf das stoische Erbe stützt. Deshalb lassen sich die Probleme, die sich aus der recta ratio ergeben, besonders an der Aufklärung (und da vor allem an der deutschen) und deren Erbe studieren; denn der auf die recta ratio reduzierte Begriff von Vernunft wurde die Grundlage aller moralischen und rechtlichen Überlegungen der bürgerlichen Aufklärung. Daß der Faden dieser Tradition nicht abriß, dafür sorgten immer wieder geistige Bewegungen, die sich ausdrücklich auf die Stoa und ihre Begrifflichkeit bezogen. Besondere Bedeutung hat dabei die Reanimation stoischer Philosophie im späthumanistischen Denken des ausgehenden 16. und beginnenden 17. Jahrhunderts, die nun in unserem »Neustoizismus« genannt wird. Bloßer Zufall ist diese Wiederaufnahme stoischer Ideen in der beginnenden Neuzeit nicht; denn wie die antike Stoa ihren historischen Ursprung in der Krise und Auflösung der antiken Polisordnung hatte, so entwickelte sich der Neustoizismus in einer ebenso brüchig gewordenen Welt am krisenhaften Übergang von spätscholastischen Weltbildern zur Neuzeit. Der Stoizismus erwies sich dabei als eine scheinbar brauchbare Strategie, sich auch unter veränderten historischen Bedingungen in einer wiederum unsicher gewordenen Welt des Menschen und tragfähiger, moralischer und politischer Ordnungsstrukturen zu versichern. Dieses Bewußtsein der Unsicherheit und das Bedürfnis, sich in ihr und gegen sie dennoch zu behaupten, ist die Lebenssituation, die den Stoizismus von neuem belebte und beförderte. Deshalb wurde, wie schon bei Seneca oder Marc Aurel, die Beständigkeit oder Selbstbehauptung zu einem der Grundbegriffe auch dieses neuen Stoizismus, weshalb das im Jahre 1584 veröffentlichte neustoische Hauptwerk von Justus Lipsius (1547–1606) konsequenterweise den Titel »De constantia« («Von der Selbstbehauptung«) trägt. Justus Lipsius hat darin die römisch-stoische Tugendlehre mit ausdrücklicher Berufung auf die recta ratio zur politischen Ethik seiner Zeit erhoben. Er spricht schon ganz modern, wenn er die recta ratio auch sana ratio, gesunde Vernunft oder gesunde Einstellung nennt, und diese Metapher vom Gesunden und Kranken läßt schon ahnen, daß die *Ausgrenzung* der nicht auf rechte Weise vernünftigen Menschen so leicht zu ihrer *Ausrottung* werden kann. Dieses Interesse am Ausgrenzen ist auch einer der Gründe dafür, daß die stoische Anthropologie bis heute so gern als zeitlos gültige Ethik ausgegeben und immer wieder neu belebt wurde; sie eignet sich besonders für seine Rechtfertigung. Weitere bekannte Vertreter des Neustoizismus sind etwa Hugo Grotius (1583–1645) oder Samuel Pufendorf (1632–1694), dem wegen seiner Wirkung auf die amerikanische Verfassung wohl einflußreichsten Vertreter dieser Zunft. Neustoische Ideen beschränkten sich aber nicht auf ausgewiesene Neustoiker, sondern verbreiteten sich über die ganze europäische Aufklärung, und in diesem Zusammenhang sind zum Beispiel Christian Thomasius (1655–1728) oder Christian Wolff (1679–1754) zu nennen. Selbst Kant war noch infiziert, und außerhalb der engen wissenschaftlichen Grenzen Friedrich der Große. Dieser ist deswegen so interessant, weil er, Pragmatiker, der er war, das Ideal des stoischen Weisen, immerhin einen zentralen Punkt der Lehre, als eine bloße Chimäre ablehnte, da es sich über die Grenzen der menschlichen Natur hinwegsetze. Er wiederholte damit eine Kritik, die schon im 15. Jahrhundert der Humanist Lorenzo Valla in seiner Schrift »De voluptate« geäußert hatte, daß nämlich der stoische Vernunftbegriff bloß ideale Verhältnisse proklamiere, weshalb die stoischen Tugenden auch nicht auf die erfahrbare Realität bezogen und in der Wirklichkeit nicht eingelöst werden könnten; denn die wirklichen Menschen zielten eher auf ihren Nutzen als auf die Tugend. Damit wird durch Valla zum ersten Mal wieder reflektiert, daß das Irrationale, das die Stoiker aus der Vernunft ausschließen wollten, in ihr selbst enthalten sei und deswegen berücksichtigt werden müsse.

Solche Bedenken fanden aber keinen großen Widerhall, und so trieb man zunehmend den Teufel durch Beelzebub aus, indem man die Welt erst richtig vernünftig und menschlich zu machen versuchte. Das zeigt sich zum Beispiel an der nur scheinbar menschenfreundlichen Idee der Aufklärung, daß der Mensch sittlich bildungsfähig und die menschliche Gemeinschaft besserungsfähig sei, wobei man natürlich davon ausgehen muß, irgend jemand wisse schon, was das Bessere sei. Dieser Idee verdanken Schulen, Waisenhäuser und Gefängnisse, die bis in unser Jahrhundert hinein ausdrücklich als *Besserungs*anstalten gedacht und auch so benannt waren, ihre Existenz. Daß dadurch Menschen auch schikaniert, indoktriniert und in ihrer menschlichen Würde verletzt wurden, empfand aber niemand als problematisch. Dennoch muß man sich immer bewußt bleiben, daß in solchen Ansätzen Reformideen steckten, die gegen die zuvor bestehenden Zustände doch noch einen Fortschritt bedeuteten; denn gegen das Schlechte ist das weniger Schlechte natürlich besser, gut muß es deswegen aber noch lange nicht sein. Der Verstrickung aller aufklärerischen Tendenzen in den Irrweg der recta ratio sind wir uns freilich nicht mehr sehr bewußt, weil wir den Ausdruck recta ratio nicht mehr verwenden, nachdem ihn die Aufklärung selbst schon eliminiert hat. Christian Wolff verwendet dabei ein recht mißverständliches Argument, wenn er schreibt, »die Vernunft existiert nicht, wenn sie keine richtige ist«[6]. Dieses Argument diente nämlich nicht dazu, die Rede von der richtigen Vernunft überhaupt aufzugeben, weil eine nicht richtige gar keine, sondern Unvernunft wäre, sondern dazu, Vernunft immer nur dann als vernünftig anzusehen, wenn sie richtige, das heißt, subjektiv für richtig befundene Vernunft ist. Vernunft ist seither gleichbedeutend mit richtiger Vernunft, und die recta ratio ist die Ratio selbst. Schon bei Kant und allen Späteren spielt der Ausdruck der recta ratio daher keine Rolle mehr. In Gebrauch blieb nur, vor allem im deutschen Sprachraum, das Epitheton *gesund,* nicht nur in Bezug auf den Verstand, wo es als gesunder Menschenverstand seine etwas zweideutigen Geschäfte betreibt, sondern auch in der Wendung von der gesunden Einstellung oder den gesunden Ansichten, in der sich die recta ratio außerhalb des philosophischen Sprachgebrauchs bis heute erhalten hat. Diese Reduktion der Vernunft auf die richtige Vernunft hat Auswirkungen nicht nur für die Erkenntnis, sondern vor allem für die praktische Gestaltung der Welt. An den Begriffen der Menschenrechte und der Menschenwürde wird das besonders schmerzlich bewußt.

Die Menschenrechte halten wir für eine der großen Errungenschaften des abendländischen Denkens. Wir bekennen uns nicht nur zu ihnen, sondern garantieren sie auch in Verfassungen und internationalen Abkommen und glauben, dadurch die Welt immer menschenwürdiger und gerechter gestalten zu können. Dieser Glaube war allerdings auch noch nie so nötig, zugleich aber auch noch nie so hoffnungslos; denn es wurden noch nie so verheerende Kriege geführt wie in unserem Jahrhundert; nie lebten mehr Flüchtlinge auf der Welt als eben jetzt, und nie zuvor sind Folter und andere Unterdrückungsmaßnahmen so effektiv eingesetzt worden wie heute; keine Zeit hatte je so viele materielle Güter zur Verfügung wie unsere, und dennoch vegetieren Millionen unter unmenschlichen Bedingungen, verkommen und verhungern in unvorstellbarem Elend; während wir von Menschenwürde reden und uns für die weltweite Anerkennung der Menschenrechte einsetzen, machen wir glänzende Geschäfte mit den Ländern, die sie rigoros verweigern. Diese Diskrepanz, diese Folgelosigkeit unserer Bemühungen in der Wirklichkeit ist hinlänglich bekannt. Erklärt wird sie gewöhnlich damit, daß politische, juristische oder wirtschaftliche Gründe die volle Verwirklichung der Menschenrechte bisher verhindert hätten, obwohl doch *eigentlich* zu erklären wäre, weshalb solche Gründe trotz aller Deklarationen und politischen wie juristischen Bemühungen überhaupt noch wirksam sein können, und zwar nicht bei denen, die von Menschenrechten ohnehin nichts halten, sondern bei uns, die wir von Sinn und Notwendigkeit der Menschenrechte überzeugt sind. Mit einer solchen verkürzten Argumentation vermeidet man es aber, die Idee der Menschenrechte selber kritisch zu prüfen und in den menschlichen Grundrechten selbst nach möglichen Ursachen ihres Scheiterns zu suchen. Sie gelten von vornherein als sakrosankt, und so impliziert das aufgeklärte Bekenntnis zu den Menschenrechten als unaufgeklärte Rückseite ein Kritikverbot, mindestens einen Mangel an Kritik; denn man hat nicht nur keine Zweifel am Sinn und Wert dieser Begriffe, man hat auch keine zu haben, und wer sie dennoch hat, verfällt seinerseits der Kritik, einer selbstverständlichen und daher unaufrichtigen. Zweifel an diesen Begriffen sind aber angesichts ihrer realen Misere nicht nur zulässig, sie sind gefordert.

Die Idee der Menschenrechte läßt sich bis zur Antike zurückverfolgen. Natürlich finden sich dort nur Vorstufen zu ihr; denn es gab früher weder Sachverhalte, die unseren Begriffen von Menschenrechten genau entsprechen, noch eine ihnen angemessene Praxis. Die antike Demokratie kannte selbst in ihrer entwickelten Form nur *Bürgerrechte.* Gleich waren die Bürger der Stadt, nicht die Menschen überhaupt, daher Metöken nicht, Frauen erst recht nicht und Sklaven schon einmal gar nicht. Auch die philosophischen Überlegungen jener Zeit beweisen weniger eine Kontinuität als vielmehr den Unterschied zu unseren heutigen Begriffen. Platon hat seine der Gleichheit und Freiheit nicht verpflichtete Haltung in seinen Staatsentwürfen hinlänglich dokumentiert, und auch Aristoteles beweist nur, wie sehr ihm das Bewußtsein von Menschenrechten fehlt, wenn er in seiner »Politik« schreibt, es gebe Sklaven nicht nur auf Grund des Kriegsrechtes und der Gesetze, sondern auch von Natur aus, und für diese sei es sogar ganz nützlich und gerecht, daß sie Sklaven seien. Selbst die Ansätze bei der Stoa, auf die man sich mit mehr Recht bezieht, führen nicht geradewegs zu unseren heutigen Begriffen. Wenn etwa Eratosthenes, ein stoischen Ideen nahestehender Mann, sagt, über den Wert eines Menschen entscheide nicht die Geburt und seine Zugehörigkeit zu Hellenen oder Barbaren, wie Aristoteles behaupte, sondern seine innere Haltung und Leistung, dann verkennt er die spezifische Qualität der Menschenrechte, die gerade nicht an eine besondere Bedingung, also auch nicht an Leistung und Charakter geknüpft sind. Nicht an denen, denen wir von vornherein Gleichheit und Gleichwertigkeit zubilligen, sondern an den anderen, an den Außenseitern und an denen, die uns vielleicht sogar als menschliche Monstren erscheinen, hat sich die Rede von Menschenwürde und Menschenrecht zu bewähren. Vor allem aber waren die Menschenrechte in der Antike keine *Rechte,* so daß sie in der realen politischen und ökonomischen Ordnung hätten eingefordert werden können. Kein Stoiker dachte deshalb im Ernst daran, seine Lehre von der Freiheit und Gleichheit der Menschen in eine politische Forderung umzusetzen und womöglich seine eigenen Sklaven freizulassen. Dieser Mangel an objektiver Wirkung der sittlichen Vorstellungen vor allem bei den römischen Stoikern ist schon vielfach kritisiert worden. Erinnert sei nur an Hegel, der in seinen »Vorlesungen über die Geschichte der Philosophie« die moralische Größe und persönliche Integrität etwa eines Mark Aurel ausdrücklich anerkennt, aber auch moniert, daß der Zustand des römischen Reiches durch diesen philosophischen Kaiser nicht zum Besseren hin verändert worden sei.

Trotz dieser Fragwürdigkeiten bei den vermuteten Ahnen bezogen sich die neuzeitlichen Theoretiker der Menschenrechtsbegriffe seit dem Späthumanismus und der frühen Aufklärung, mit denen das Bewußtsein von Menschenwürde und Menschenrechten in der Neuzeit aktuell wurde, vor allem auf die Stoa und da ganz besonders auf die römische, wenn sie nach den Quellgründen des eigenen Denkens forschten. Bei Cicero und Seneca, bei Epiktet und Marc Aurel fanden sie die nächsten Ursprünge und Vorstufen der eigenen Überlegungen. Dabei ist für unser Thema nicht wichtig, ob und wie weit diese Anknüpfung an der antiken Stoa berechtigt ist oder nicht, entscheidend ist vielmehr, *daß* man überhaupt geglaubt hat, man könne die Konstruktion der Menschenrechte auf stoischen Fundamenten oder auf dem, was man für stoisch gehalten hat, errichten. Man hat dadurch nämlich philosophische Grundannahmen der Stoa in die moderne Problematik der Menschenrechte mitübernommen, die Menschenrechte also mit den Problemen der Philosophie jener Zeit infiziert. Diese Verstrickung ist gewissermaßen der Geburtsfehler der Menschenrechte, durch den die Antike noch heute auf eine sehr problematische Weise bei ihnen präsent ist. Sie sind dadurch nämlich zu ausgezeichneten Beispielen für die Auswirkungen nicht der Vernunft, sondern der recta ratio geworden. An ihnen läßt sich demonstrieren, welche Widersprüche entstehen, wenn das Vernünftige nur dann wirklich vernünftig sein soll, wenn man es recht versteht und sinnvoll und vernünftig anwendet; denn auch die Menschenrechte sollen zwar an sich schon vernünftig sein, doch richtig vernünftig werden sie für uns erst, wenn man sie richtig interpretiert und diese angeblich recht verstandenen Menschenrechte dann realisiert.

Unser Grundgesetz beginnt damit, daß wir uns zu »unverletzlichen und unveräußerlichen Menschenrechten als Grundlage jeder menschlichen Gemeinschaft, des Friedens und der Gerechtigkeit in der Welt« (Art. 1) bekennen. Das ist, wenn Worte überhaupt etwas bedeuten sollen, ein deutliches und eigentlich auch eindeutiges Bekenntnis: die Menschenrechte sind unverletzlich und unveräußerlich. Doch schon im nächsten Artikel werden die Unvorsichtigkeit dieses Zugeständnis erkannt und die Unverletzlichkeit und Unveräußerlichkeit so interpretiert, daß man mit ihnen im politischen und juristischen Alltag leben kann. Sie werden also wirklich erst vernünftig gemacht. Im Artikel 2 heißt es nämlich, auf Grund eines Gesetzes dürfe in Menschenrechte »eingegriffen werden«. Mit dieser Eingriffsmöglichkeit sind aber Unverletzlichkeit und Unveräußerlichkeit nicht zu vereinbaren. Daß diese Möglichkeit zur Beschränkung der Grundrechte so früh eingeführt und durch auffallend viele Wiederholungen fest eingeprägt wird, zeigt schon äußerlich, welch wichtiges Prinzip damit genannt ist. Nur dadurch, daß man die Grundrechte auf ein vernünftiges Maß beschränkt, werden sie vernünftiges und richtiges, das heißt, praktikables Recht. Dieses Verfahren, Rechte zu postulieren und sie sofort danach einzuschränken, als sei dies eine sachlich notwendige und unverzichtbare Aufgabe, ist das durchgängige Prinzip bei unseren Grundrechten. Der erste Absatz des Artikel 5 garantiert zum Beispiel die Meinungs- und Pressefreiheit, doch schon der zweite relativiert beide, indem er bestimmt, diese Rechte fänden »ihre Schranken in den Vorschriften der allgemeinen Gesetze«. Ebenso wird im ersten Satz des Artikels 10 das Briefgeheimnis als »unverletzlich« bezeichnet, doch schon im zweiten wird die Bedingung für seine »Beschränkungen« genannt. Eigentlich bleiben nur zwei Grundrechte in unserem Grundgesetz von jedem Eingriff verschont, nämlich die Gleichheit vor dem Gesetz und die Religionsfreiheit. Doch auch die Gleichheit erfährt einschränkende Interpretationen, wenn auch nicht schon in der Verfassung, sondern erst in der jeweiligen juristischen Interpretation. Man kann sie mit gutem Grund für verletzt halten, wenn etwa der Millionär die gleichen zwanzig Mark fürs Falschparken zahlen muß wie der Arbeitslose; denn was den einen nicht kratzt, nimmt dem anderen die Margarine vom Brot.

Welch zerstörendes, die Menschenrechte schließlich aufhebendes Potential die Eingriffsmöglichkeiten haben, entwickelt unsere Verfassung freilich erst ein wenig später. In Artikel 19 heißt es nämlich nicht nur, daß ein Grundrecht trotz seiner Unverletzlichkeit »eingeschränkt werden kann«, sondern in Artikel 18 auch, daß man es trotz seiner Unveräußerlichkeit »verwirkt«, dann nämlich, wenn man es »mißbraucht«. Daß der *Gebrauch* dieser Rechte, außerhalb dessen sie gar keine Wirklichkeit haben, *Mißbrauch* sein kann, daß sie unter Umständen aufhören, Recht zu sein, wenn man sie in Anspruch nimmt, offenbart, wie nah wir mit unserer tatsächlichen Einstellung trotz unseres Bekenntnisses zu den Menschenrechten gewissen anderen Ländern sind, die nur willkürlich praktizieren und schlagend verwirklichen, was wir gesetzlich geregelt wissen wollen. Das Prinzip des richtigen Verständnisses eines Menschenrechtes ist so entscheidend, daß es auch dann noch beibehalten wird, wenn es offensichtlich widersinnig ist. Im Artikel 2 unseres Grundgesetzes, der die Eingriffsmöglichkeit in die angeblich unverletzlichen Grundrechte erstmals formuliert, wird ausdrücklich erwähnt, daß auch in das »Recht auf Leben und körperliche Unversehrtheit« eingegriffen werden darf. Also selbst das Recht auf Leben kann beschränkt werden, obgleich ein solcher Eingriff den Tod bedeutet und damit das Recht auf Leben völlig negiert, während Artikel 19 doch ausdrücklich festschreibt, daß kein Grundrecht »in seinem Wesensgehalt angetastet werden« darf. Wie das funktionieren soll, wenn man gerade einen Bankräuber erschossen hat, scheint für niemand ein Problem zu sein; jedenfalls hat noch niemand diesen in der Verfassung angelegten sachlichen Widerspruch von Unverletzlichkeit und Eingriffsmöglichkeit moniert. Unser Grundgesetz will eben nur die Tötung als Strafe, nicht das Töten selbst ächten. Krieg, finaler Rettungsschuß, putative Notwehr mit Todesfolge und dergleichen mehr sollen durchaus möglich bleiben. Sie gehören für uns zu einer recht verstandenen und unter den gegebenen Bedingungen vernünftigen Ordnung menschlicher Gesellschaft. Verständlich wird dieser Widerspruch, wenn man bedenkt, daß man beides zugleich haben wollte: das emphatische Bekenntnis zum unverletzlichen Recht auf Leben und doch zugleich einen vernünftigen Umgang mit diesem Recht.

Dieser theoretischen Haltung entspricht unsere politische und juristische Praxis; denn der Sinn und Wert der Menschenrechte wird schon in Zweifel gezogen, wenn ihre Inanspruchnahme einer gesunden Einstellung als unvernünftig und mißbräuchlich gilt, wie sich etwa bei der anhaltenden Debatte um das Asylrecht zeigt. Sie werden unter Umständen aber auch wirklich verweigert. Ich will dafür nur zwei prägnante Beispiele anführen, täglich neue liefert jede weitere Zeitungslektüre. Die Meinungsfreiheit etwa ist in unserem Grundgesetz garantiert und kann nur verwirkt werden, wenn sie zum Kampf gegen das, was wir unsere Grundordnung nennen, gebraucht wird. Doch selbst diese an sich schon bedenkliche Einschränkung liefert keine Rechtfertigung dafür, daß man diejenigen belangt und bestraft, die unseren Staat und seine Einrichtungen noch nicht einmal bekämpfen, sondern nur kritisieren. Dennoch stellte ein Amtsrichter in Nürnberg fest, ein Angeklagter habe »in 'perfider Art und Weise'« sein Grundrecht der Meinungsfreiheit mißbraucht, weil der auf einem Flugblatt zu bedenken gab, »daß möglicherweise 'dieser Staat seinen benötigten Terror zur Not auch mal selbst produziert'«[7]. Wem jetzt etwa das Celler Loch einfällt, der sei gewarnt, der Angeklagte wurde nämlich wegen »Verunglimpfung« zu einer empfindlichen Geldstrafe verurteilt. Die Justiz versteht sich hier nicht als Hüter unserer Grundrechte, sondern als Instanz zur Unterdrückung politischer Ansichten und Meinungen, sofern sie nicht die richtige Einstellung und die rechte Gesinnung beweisen, selbst wenn sie die Fakten auf ihrer Seite haben. Diese rechte Gesinnung aber zeigte ein Hamburger OLG-Richter, der befand, ein Journalist habe sich durch den Abdruck terroristenfreundlicher Texte in einem völlig unbekannten, aber eben anarchistischen Blättchen als »gefährliche Persönlichkeit« entlarvt. »Der Spiegel« hat dieses Urteil folgendermaßen kommentiert: »Solche Prädikate schienen bislang reserviert für die Beurteilung kranker Sittlichkeitsverbrecher« (S. 85). Mit diesem Satz entlarvt der hellhörige Kommentator die nicht nur in Juristenköpfen verbreitete Meinung, daß eine Abweichung von dem, was üblicherweise als vernünftig gilt, zugleich einen Mangel an rechter und gesunder Einstellung verrate.

Wenn es auf die richtige Einstellung ankommt, muß man natürlich auch definieren, was richtig und was vernünftig sein soll. Diese Macht über die Definition, die auch eine demokratisch legitimierte politische Macht niemals legitimerweise haben, sondern sich höchstens anmaßen kann, hat gravierende Auswirkungen auf die praktische Umsetzung der Menschenrechte. Sie ermöglicht erstens jede Willkür und Manipulation bei der näheren Bestimmung der Menschenrechte. Besonders krass zeigt sich dies bei der Erklärung des Rechtes auf Leben in der »Konvention zum Schutze der Menschenrechte und Grundfreiheiten« des Europarats vom 4. November 1950. Der Artikel 2 dieser Konvention legt im ersten Absatz unmißverständlich fest: »Das Recht jedes Menschen auf das Leben wird gesetzlich geschützt.« Verstärkt wird dieser Satz durch die weitere Bestimmung, daß »eine absichtliche Tötung nicht vorgenommen werden« dürfe. Doch mit Rücksicht auf die in den europäischen Ländern geltenden Gesetze oder herrschenden Meinungen wird nicht nur die gerichtlich ausgesprochene Todesstrafe von diesem Verbot ausgenommen, sondern im zweiten Absatz des ersten Artikels darüber hinaus bestimmt, unter welcher Bedingung eine absichtliche Tötung dennoch »nicht als Verletzung dieses Artikels betrachtet« wird. Mit diesem, selbst die Logik souverän negierenden Zusatz wird die Möglichkeit geschaffen, das Recht auf Leben richtig auszulegen, und nach dieser Auslegung hat einer das Recht auf Leben schon dann verwirkt, wenn er bloß abhauen und verschwinden will; denn die Tötung soll auch zulässig sein, wenn sie erfolgt, »um eine ordnungsgemäße Festnahme durchzuführen oder das Entkommen einer ordnungsgemäß festgehaltenen Person zu verhindern«. Die Festnahme eines Ganoven ist dieser Konvention zufolge also wichtiger als sein gesetzlich garantiertes Recht auf Leben. Das ist an sich schon eine sonderbare Bewertung, wenn man bedenkt, daß es dieser »Konvention zum Schutze der Menschenrechte« um deren »Wahrung« und »Entwicklung« geht, wie es in der Einleitung heißt. Daß eine solche Bewertung aber kein Einzelfall oder bloßer Ausreißer ist, erfährt man spätestens im Artikel 5, der die Freiheitsberaubung schon für bloße Landstreicherei erlaubt. Noch entscheidender ist aber, daß hier, wie im deutschen Grundgesetz oder in anderen Menschenrechtserklärungen auch, nicht die Menschenrechte den Rahmen für das abstecken, was gesetzlich zulässig sein soll und was nicht, sondern daß umgekehrt Inhalt und Umfang der Menschenrechte durch das positive Recht und nationale Gesetze festgelegt werden. Damit verkehrt sich der ursprüngliche Sinn der Menschenrechte in sein Gegenteil. Doch das ist eben die richtige Auffassung von der Geltung der Menschenrechte, und wer das anders sieht, der wird von der Konvention gleich in der Einleitung belehrt, daß er nicht »vom gleichen Geiste beseelt« sei.

Dieser Geist, von dem sich die Unterzeichner dieser Konvention »beseelt« glaubten, ermöglicht zweitens die Instrumentalisierung der Menschenrechte, etwa zur Durchsetzung bestimmter Interessen. Unbekümmert versuchte zum Beispiel Jimmy Carter, während Amerikas Menschenrechtsverletzungen im Vietnamkrieg noch nicht vergessen waren, Länder, von denen er annahm, sie würden nicht seine eigenen Vorstellungen von Menschenrechten teilen, mit wirtschaftlichen Sanktionen zu zwingen, seine subjektiven, von ihm als richtig empfundenen Überzeugungen zu übernehmen. Die Gleichheit, die ein Menschenrecht sein soll und daher auch für Menschen mit anderen Vorstellungen und Wertsystemen gelten müßte, wurde so, um sie angeblich zu verwirklichen, zunächst einmal negiert. Eine recht verstandene Gleichheit schließt eben alle aus, die nicht gleich denken und gleich handeln, und endlich jeden, der nicht gleich ist. Sein Fehler ist, daß er nicht das Gleiche für vernünftig hält. Die Gleichheit als Menschenrecht war allerdings anders gedacht; sie sollte ja nicht andere verpflichten, sich anzugleichen, sondern ihnen garantieren, auch als andere gleich geachtet zu werden. So zerstört die Instrumentalisierung und die sich selbst zugesprochene Kompetenz bei der Bestimmung dessen, was ein Menschenrecht sein und wie weit es Geltung haben soll, die Idee der Menschenrechte selber; denn es verletzt die Gleichheit, wenn einige zu wissen glauben, was für alle richtig sei, und die Freiheit, wenn sie ihre subjektive Meinung anderen aufzwingen wollen. Die recta ratio gerät daher unausweichlich mit der Ratio in Widerspruch, und die in ihr als inhuman verdrängte erste Natur des Menschen, das Irrationale oder Unvernünftige, das aus der vernünftigen Vernunft als zweiter Natur des Menschen ausgeschlossen werden sollte, zeigt sich *dadurch* als in ihr selbst enthalten, und so wird schließlich selbst das humane Ziel der Menschenrechte von den inhumanen Mitteln wie Zwang und Strafe und Unterwerfung verschlungen.

Die Möglichkeit der subjektiven Festlegung dessen, was als richtig, vernünftig und gesund zu gelten hat, führt daher drittens auch zu bisweilen völlig unsinnigen und widervernünftigen Ergebnissen. Ein bezeichnendes, in seiner Eindeutigkeit fast schon groteskes Beispiel stammt aus Amerika. Dort werben zur Zeit gewisse Privatschulen mit folgenden Sätzen um Kunden: »In der heutigen offenen Gesellschaft sind viele Eltern besorgt um die Erziehung ihrer Kinder. Sie vermissen die Entwicklung gesunder Ansichten und Lebensziele.«[8] Auch hier beruft man sich also auf »gesunde« Ansichten und Lebensziele, auf die Ergebnisse einer Ratio, die als recta et sana firmiert, und mit deren Hilfe gegen den herrschenden liberalistischen Schlendrian die richtigen Ansichten vermittelt werden sollen. Diese wunderbaren Institutionen sind aber private Kadettenschulen, die eine militärische Erziehung anbieten, die Drill, Befehl und Gehorsam, selbst das Vorbereiten auf das Töten anderer Menschen als gesunde Lebensziele verkünden, ohne daß dies als ein Widerspruch zu den hehren Zielen der Verfassung und der Menschenrechte empfunden würde. Wahrscheinlich sind den Autoren solcher Sprüche die Menschenrechte von Herzen gleichgültig, jedenfalls wenn sie dadurch selbst gefordert würden, interessant ist aber, daß sie ihre Ansichten selbst für »gesund« halten und damit denselben Anspruch erheben wie diejenigen, die sich mit Hilfe der Menschenrechte um eine gerechtere und weniger gewaltgeprägte Welt bemühen. Eine solche Einstellung ist natürlich kein nationales und somit nur provinzielles Problem, was sich etwa an neuen deutschen Gerichtsurteilen beweist, die trotz unseres Geredes von Menschenwürde und Menschenrechten pflegebedürftigen alten Menschen und Asylbewerbern das Wohnen in bestimmten Wohngebieten untersagen. Daß dies »reine« Wohngebiete sind, bekommt dadurch einen neuen, in Deutschland allerdings schon vertrauten Klang.

Nun sind freilich alle Lebensverhältnisse durch das verständliche Bemühen geprägt, sie richtig und vernünftig zu gestalten. Ohne einschränkende Vorbehalte könnte man zum Beispiel weder

Kindern Freiräume gewähren noch allen Menschen bestimmte Rechte zugestehen, noch könnte eine menschliche Gesellschaft überhaupt existieren. Doch dieses Prinzip der vernünftigen Gestaltung, das für diese Beispiele Geltung hat, kann noch nicht einmal auf die Mark übertragen werden, die man dem Berber mit der Ermahnung gibt, sie nicht gleich zu versaufen, schon gar nicht aber auf das, was schon an sich vernünftig sein soll; denn das Vernünftige vernünftig machen zu wollen, muß die Folge haben, es unvernünftig zu machen. Indem wir daher die Menschenrechte so lange vernünftig zurichten, bis sie uns richtig zu sein scheinen, berauben wie sie nicht nur ihres beunruhigenden Potentials, das in der Zusicherung persönlicher Freiheitsrechte liegt, sondern eben dadurch auch ihres eigentlichen Gehalts. Sie werden manipulierbar und instrumentalisierbar, bis sie sich in die allgemeinen Ordnung einfügen und den »ordo jubendo et parendo« bestätigen, der durch sie überwunden werden sollte. Die recta ratio, mit der die Stoiker den Menschen aus seiner Naturbefangenheit befreien wollten, erweist sich so als ein weiteres Instrument seiner Disziplinierung und Unterdrückung, im Namen einer Vernunft, die mit dem Etikett der gesunden Einstellung ihre eigene Krankheit kaschiert. Die richtige Vernunft ist immer nur die falsche.

Dieser prinzipielle Widerspruch, der überall dort auftaucht, wo man seine privaten Vorstellungen der Richtigkeit zum objektiv Vernünftigen selbst erklärt, darf nicht mit dem bloß moralischen Widerspruch zwischen Worten und Taten verwechselt werden, mit dem er aber in der Wirkung gleichwohl zusammenfallen kann. Wenn etwa die Amerikaner Nicaragua wirtschaftlich und militärisch bekämpfen und dies mit der mangelhaften Demokratie dieses Landes begründen, während sie die vorangegangene Diktatur trotz deren übelsten Menschenrechtsverletzungen unterstützten, dann kann man das zwar auch mit einem bloß skrupellosen Machtgebrauch bestimmter Cliquen und Länder erklären, doch eben auch mit der ehrlichen Überzeugung, man sei im Recht, weil mit diesen Aktionen humane Ziele durchgesetzt werden sollten; denn gerade die verfallen dem Widerspruch in der recta ratio am leichtesten, denen es wirklich und aufrichtig um Recht und Freiheit geht. Wegen ihrer subjektiven Überzeugung der Richtigkeit ihres Verhaltens fällt ihnen dessen Falschheit, die in dieser Überzeugung gründet, nicht mehr auf; denn jeder geht selbstverständlich davon aus, daß seine Einstellung richtig sei, besonders wenn sie nicht oberflächlich und nicht ohne Überlegung und ehrliche Absicht entstanden ist. Doch hinter der aufrichtigen Absicht schimmert so immer noch die alte Barbarei durch; denn gerade die ehrliche Überzeugung ist der eigentliche Fehler. Selbst die Menschenrechte, die die Barbarei verhindern sollen, legen dafür Zeugnis ab.

Solange die Menschenrechte durch eine ratio, die sich als recta versteht, Sinn und Inhalt bekommen, können sie ihren Anspruch, Rechte für alle Menschen zu sein, nicht erfüllen. Ihre strukturelle Falschheit wird erst verschwinden, wenn man diese Begriffe nicht mehr zurichtet und manipuliert, bis sie den Forderungen nach subjektiver Richtigkeit oder Vernünftigkeit entsprechen. Gleichheit und Freiheit müssen in Wirklichkeit werden, was sie der Idee nach schon sind: unbeschränkt geltendes Recht für alle, also auch für diejenigen, denen nicht das Licht einer rechten Vernunft leuchtet, und die daher auch mit unseren Menschenrechten nichts anfangen können oder wollen. Erst dann, wenn man die Menschenrechte nicht mehr als Forderungen an die anderen versteht, sondern als die Prinzipien, an die man sich selber mit allen Konsequenzen halten will, lassen sie sich nicht mehr zu bestimmten Zwecken instrumentalisieren. Das setzt allerdings eine andere Lebenshaltung und ein anderes Verständnis menschlicher Existenz voraus. Die Beständigkeit und die Selbstbehauptung gegen andere (und umfassend gegen anderes überhaupt, wie etwa die Natur) kann dann nicht mehr die gleiche hervorragende Bedeutung haben; denn das Zugeständnis von wirklich unbeschränkt gültigen Menschenrechten würde nicht nur diese Begriffe ändern, sondern auch die Unsicherheit im Zusammenleben der Menschen vergrößern und neue Risiken für ein Bewußtsein schaffen, das mit sich identisch bleiben und alles im Griff behalten möchte. Das Individuum würde dadurch nicht nur der Kontrolle der Gesellschaft und ihrer mehr oder weniger befugten Geschäftsführern noch weiter entzogen, als es heute der Fall ist, es könnte sich auch selber nicht mehr an vorgefertigten Denk- und Handlungsschemata ausrichten. Das Verhältnis von dem, was zugelassen und was verhindert werden soll oder muß, von Freiheit und Chaos, von Schuld und Sühne wird dann neu und nicht mehr nur traditionell mit ethischen Begriffen verhandelt werden müssen. Wer aber die Forderung nach Menschenrechten erhebt und ihre Verwirklichung für vernünftig hält, muß auch diese Risiken, die zunehmende Unsicherheit und eine veränderte Lebenseinstellung wollen oder eben in Kauf nehmen. Sie sind der Preis, den man für die allgemeine Geltung der Menschenrechte und damit für eine Gesellschaft zu zahlen hat, die nicht mehr »human« nach subjektiven und willkürlichen Begriffen, sondern allein dadurch menschlich genannt werden kann, daß sie alles Menschliche und Menschenmögliche als menschlich akzeptiert.

Die Würde des Menschen

Spricht man über die Menschenrechte, spricht man implizit natürlich auch immer schon über die Menschenwürde. Doch die Auswirkungen, die die Reduzierung der Vernunft auf eine recta ratio hat, sind für die Menschenwürde noch gravierender als für die Menschenrechte, da sie grundlegender und auch deren begriffliches Funadament ist. Das wird sofort deutlich, wenn man unseren modernen Begriff der Würde des Menschen mit der dignitas hominis des Giovanni Pico della Mirandola konfrontiert. In der Überzeugung, daß die überlieferten Meinungen über die menschliche Natur unzulänglich seien, wollte Pico della Mirandola gegen Ende des 15. Jahrhunderts in einer Rede für ein wissenschaftliches Symposion begründen, warum der Mensch »das glücklichste und aller Bewunderung würdigste Lebewesen«[9] sei. Wegen dieser Intention gab man Picos Rede bei ihrer posthumen Veröffentlichung den Titel »De hominis dignitate«, und das übersetzt sich so bequem mit »Von der Würde des Menschen«. Seither gilt Pico als ein Markstein in der Entwicklung dieses Begriffes, wobei man als selbstverständlich voraussetzt, er habe mit der dignitas des Menschen ungefähr das gemeint, was auch wir noch meinen, wenn wir Menschenwürde sagen. Sieht man aber näher zu, zeigt sich, daß dies durchaus nicht der Fall ist; denn für Pico liegt die Würde des Menschen nicht in einer besonderen Eigenschaft, etwa darin, vernünftig oder moralisch sein zu können, wie es traditionell die Auffassung der Philosophie war und bis heute des Alltagsverständnisses ist. Pico begründet vielmehr die Würde des Menschen mit dessen Wesen, das gerade darin bestehe, daß er überhaupt keine besondere Eigenschaft habe. Er sei auf kein bestimmtes Verhalten festgelegt, könne bald so, bald aber auch anders handeln und empfinden, und diese Wandlungsfähigkeit mache das Wesen des Menschen aus. Wenn der Mensch aber alles Mögliche sein kann, dann kann er auch, wie Pico in der traditionellen Sprache der Philosophie sagt, »zu der niedrigeren Stufe der Tierwelt entarten« (S. 314) oder sich »auf die höhere Stufe des Göttlichen erheben« (S. 314). Das bedeutet natürlich nicht, daß der Mensch Gott oder Tier werden könne, sondern bezeichnet nur in metaphorischer Rede die extremen Möglichkeiten des Menschen, den weiten Spielraum seines Verhaltens. Pico nimmt mit dieser Bestimmung die ganze Bandbreite menschlicher Möglichkeiten in den Begriff des Menschen auf und rechnet nicht nur die Möglichkeit, daß der Mensch »edel, hilfreich und gut«, sondern auch die Alternative, daß er moralisch verkrüppelt und seelisch beschädigt, schlecht und dumm und ein Verbrecher sein kann, zu seinem Wesen und damit zu seiner Würde.

Dieser Begriff der Würde des Menschen widerspricht aber unserem heutigen Verständnis davon; denn wer sich unmenschlich verhält, tierisch oder bestialisch, wie wir ganz unbefangen sagen, erfüllt für uns nicht die Menschenwürde, sondern verletzt sie, entweder die der anderen oder durch seine Gesinnung in sich selbst. Eine Auffassung, wie sie Pico vertritt, die auch das niedrigste Verhalten als immer noch menschliches Verhalten ansieht, ist in der europäischen Tradition immer anstößig gewesen, und hat sich nie durchgesetzt. Das Verwerfliche oder Schlechte wurde nicht als menschliche Möglichkeit akzeptiert und entsprechend darauf reagiert, sondern als unmenschlich und der Würde des Menschen widersprechend abgelehnt, wobei die Abwehr des sogenannten unmenschlichen Verhaltens oft barbarischer war als dieses Verhalten selbst. Dieser Begriff des Unmenschlichen wird gern mit dem Hinweis verharmlost, er sei nicht streng zu nehmen, nur eine Redensart, sonst nichts weiter. Richtig daran ist, daß er unüberlegt verwendet wird, daß man sich wirklich nichts dabei denkt, und dabei wissen wir doch sehr wohl, wie leicht der zum Unmenschen wird, den man einen nennt. Am schnellsten geschieht das dem Triebtäter, sei er nun ein Kinderschänder oder Massenmörder. So einen nennt man selbstverständlich einen Unmenschen, und wie mit solchen zu verfahren sei, hat Volkes Stimme schon immer ungeschminkt artikuliert. Selbst wer anders denkt, anders empfindet und anders lebt, kommt schnell in den Verdacht, auf mindere Weise ein Mensch zu sein. Juden und Türken, Homosexuelle und andere Minderheiten können davon multikulturelle Lieder singen. Auch wer körperlich, seelisch oder geistig behindert ist und mit den anderen nicht recht mithalten kann, trägt das Kainsmal, vielleicht nicht im vollen Sinne Mensch zu sein. Wir entsetzen uns über diesen Denkansatz immer nur dann, wenn wir ihn bei anderen orten oder gar seine praktischen Folgen besichtigen können. Der rumänische Kinder-Gulag Cighid hat uns das wieder ins Gedächtnis gerufen und zugleich gezeigt, wie sehr wir selbst diesem Denken verhaftet sind, wenn wir die Verantwortlichen dann unsererseits als unmenschlich empfinden. Unser moderner Begriff der Menschenwürde hindert uns also nicht daran, Menschen nicht nur als Unmenschen zu bezeichnen, sondern sie bestimmter Eigenschaften wegen auch so zu behandeln. Wir reduzieren also den Begriff des Menschen und des Menschlichen auf ein positives Bild davon, und diese Reduzierung stellt auch die Menschenwürde unter den Vorbehalt, daß sie nicht für alle in gleicher Weise gelten kann.

Die Vorstellung, daß nur ein im rechten Sinn verstandener Mensch wirklich Mensch sei, hat sich so in unser Bewußtsein eingefressen, daß sie uns ganz natürlich zu sein scheint und schließlich Bestandteil unserer Mentalität geworden ist. Als beliebiges, seiner Struktur nach uns allen vertrautes Beispiel nehme ich einen Leserbrief aus der Ulmer »Südwest Presse« vom 12. April 1990, der die Verurteilung eines jungen Mannes, der drei Menschen ermordete, kommentiert und zu der achtjährigen Gefängnisstrafe, die der Verfasser des Briefes als zu gering empfindet, bemerkt: »Bürger mit einem gesunden Rechtsempfinden können da wirklich nur noch ungläubig den Kopf schütteln.« Diese Berufung auf das gesunde Rechtsempfinden ist üblich und wird genauso üblicherweise verurteilt. Aber der Schreiber dieses Leserbriefes hat recht; denn das gesunde Empfinden, die sana ratio, hat noch nie einsehen können, weshalb jemand, der sich durch seine Tat, »außerhalb der menschlichen Gesellschaft stellt«, wie der Schreiber anmerkt, noch menschlich behandelt werden soll. Für eine solche »Bestie«, wie er ihn nennt, sei es nicht angebracht, »wenigstens einen Rest von etwas Gutem, Entschuldbaren zu finden«. Wenn ein solcher Täter kein Mensch mehr ist, dann ist es in der Tat nicht angebracht, bei ihm noch Gutes zu suchen oder auf ihn anzuwenden. Wir wissen ja seit Seneca, daß bei solchen Kreaturen Barmherzigkeit zu meiden ist. In solcher Stammtischprimitivität verachten wir diese Haltung, die aber auch sublimere und aufgeklärtere Erscheinungsformen kennt. Als etwa die Insassen englicher Gefängnisse rebellierten, ihre Anstalten besetzten und von den Dächern riefen: »Wir wollen endlich wie Menschen behandelt werden!«, da fragten Kommentatoren bei Zeitungen und Rundfunkanstalten zweifelnd, ob man denn »menschlich« nennen dürfe, wenn sie ihre Behausungen verwüsteten, ja sogar Mithäftlinge umbrächten. Ihnen antwortete der Schatten-Innenminister der Labour Party: 'Wenn wir Leute wie Tiere behandeln, dürfen wir uns nicht darüber wundern, daß sie sich dagegen wehren.' Dieser Satz drückt die Einsicht aus, daß die Gefangenen auf ihrer Würde als Mensch bestehen, auch wenn sie die falschen Mittel anwenden, um deren Beachtung durchzusetzen. Doch der Mann hat diesen Satz so gar nicht gesagt, wirklich gesagt hat er vielmehr: »Wenn wir Leute wie Tiere behandeln, dürfen wir uns nicht darüber wundern, daß sie sich wie Tiere verhalten.« Der Satz ist gewiß gut gemeint, und so versteht man ihn zunächst auch, aber man sollte doch genauer hinhören, was er denn wirklich sagt. Er sagt, daß sich wie ein Tier verhalte, wer sich mit allen Mitteln dagegen wehrt, daß ihn die Gesellschaft wie ein Tier behandelt. Das tierische Verhalten liegt also beim Opfer, das Verhalten der Täter gilt weiterhin als menschlich. Damit erweist sich dieser Satz als nur scheinbar einsichtig. In Wahrheit offenbart er dieselbe Gesinnung, die für die Zustände in diesen Gefängnissen und für die bestimmte Art der Kommentierung der Revolte gegen diese Zustände verantwortlich ist. Solange aber einer mit einem

Tier verglichen wird, wenn er für seine Würde als Mensch kämpft, so lange wird sich gar nichts an solchen Zuständen ändern, in denen Menschen anderen wie Tiere erscheinen.

Dieses Problem, daß nicht jeder Mensch auf gleiche Weise als Mensch anerkannt wird, bestand schon immer, doch hat es heute wegen des Fortschritts naturwissenschaftlichen Wissens und ihm entsprechender Technologien eine ganz neue Dimension gewonnen. Pränatale Chirurgie und Organverpflanzungen, Reproduktionstechniken und Gentechnologie manipulieren Beginn und Ende des menschlichen Lebens, die Lebensqualität und schließlich sogar die Gattung Mensch selbst. Vor allem diese letzte Möglichkeit macht neue Antworten auf die Frage, was der Mensch sei, nötig. Doch diese Frage, *was* der Mensch sei, wird in der gegenwärtigen ethischen Diskussion in die Frage verwandelt, *wer* ein Mensch sei, wobei nicht bestritten wird, daß natürlich alle Menschen Menschen seien, doch glaubt man angesichts der heutigen Möglichkeiten fragen zu dürfen, welche Menschen denn wirklich Menschen seien und ob zum Beispiel komatöse Patienten oder Präembryonen im gleichen Sinne Menschen seien wie alle anderen. Gewöhnlich werden solche Fragen von industriebeauftragten oder selbsternannten Gutachtern mit einem eindeutigen Nein beantwortet. Es gibt, schreibt etwa der amerikanische Wissenschaftler Engelhardt, »keine generelle, weltliche, philosophische Basis für die Haltbarkeit der These, daß der Präembryo oder der frühe Embryo eine Person ist«[10]. Die anstehende Frage, ob einer ein Mensch sei, ist also schon einmal auf die Frage, ob ein Mensch eine Person sei, reduziert, und das läßt sich natürlich einfach beantworten; denn zum Personsein gehören für uns Bewußtsein und freie Entscheidung, und beides kann der frühe Embryo noch nicht haben. Wenn daher Engelhardt fortfährt: »Präembryonen zeigen in keiner Weise das Verhalten von moralischen Subjekten« (S. 181), dann kann er daraus folgern: »Fazit ist, daß Embryonen als Zustandsformen menschlich biologischen Lebens, aber nicht menschlich personalen Lebens betrachtet werden können« (S. 181). Wenn man so das menschliche Leben in ein biologisches und ein personales aufteilt, und wenn nur ein personal existierender Mensch im vollen Sinne Mensch sein soll, dann kann man auf nichtpersonale menschliche

Wesen natürlich keine menschlichen Rechte oder gar den Begriff der Menschenwürde anwenden. Daher zieht Engelhardt den aus seiner Sicht konsequenten Schluß: »Da Embryonen keine Personen sind, folgt, daß sie entweder weggeworfen, anderen zur Verfügung gestellt oder zu Forschungszwecken verwendet werden können« (S. 183).

Man kann sich über solche Sätze moralisch empören, aber es geht hier nicht um die Moral, sondern um den Denkansatz, der solchen Schlußfolgerungen überhaupt erst den Anschein gibt, Ergebnisse ethischer Überlegungen zu sein. Was die Moral bei solchen Theorien betrifft, möchte ich nur darauf hinweisen, daß nach herkömmlichem Verständnis an sich schon diese Frage, welcher Mensch denn wirklich ein Mensch sei, unmoralisch ist. Doch dieser Frage widmen sich heute all die neuen Ethiken, die in so großer Zahl auf den Markt geworfen werden und deren gemeinsamer Hauptunterschied zur bisherigen Ethik ihre rational begründete Unmoral ist, weil sie die moralische Begründung, die bisher für alle Entscheidungen über den Menschen gefordert wurde, durch eine rationale ersetzen. Deshalb trifft die Vertreter einer solchen Ethik auch nicht der Vorwurf der Unmoral. In ihrem Verständnis handeln sie gerade deshalb moralisch, weil sie nach ihren Begriffen vernünftig handeln. Auf fruchtbaren Boden fallen solche Theorien vor allem in Deutschland, wo schon aus Tradition die einen die anderen zu Untermenschen und dafür wieder andere jene zu Unmenschen erklären. So hat sich bei uns eine ganz besondere Seilschaft aus Philosophen, Medizinern und Juristen gebildet, die unter dem Deckmantel bioethischer Forschung eine schlichte Ausmerzideologie propagieren. Diese Ideologie beansprucht und besitzt ihrer rationalen Tünche wegen eine gefährliche Autorität. Ihre Vertreter verwenden zum Beispiel den Begriff »lebensunwertes Leben«, als sei er ein ganz neutraler und unbelasteter Begriff. So schreibt Norbert Hoerster: »In diesem Zusammenhang muß mit aller Deutlichkeit gesagt werden: Natürlich gibt es so etwas wie 'lebensunwertes' Leben. Ich vermag keineswegs notwendig etwas Inhumanes oder Verwerfliches darin zu erblicken, über das Leben eines bestimmten Menschen zu sagen, es sei 'nicht lebenswert'.«[11] Hoerster weist zwar darauf hin, daß jeder nur für sein eigenes Leben entscheiden könne, ob es lebenswert sei oder nicht, aber wenn das ernst gemeint wäre, gälte es auch für ihn selbst. Er könnte daher niemals sagen, das Leben eines bestimmten Menschen sei nicht lebenswert, sondern höchstens, sein eigenes sei es womöglich nicht. Mit seiner Meinung vom lebensunwerten Leben steht Hoerster aber nicht allein. Christoph Anstötz, immerhin Professor für Sonderpädagogik, hat gewisse Behinderte »seelenlose Fleischklumpen« genannt. Diese Formulierung zeigt, welche Ungerührtheit darüber herrscht, daß Menschen überhaupt in solch extreme Lebenslagen hineingeboren werden können. Da ist keine Trauer mehr zu spüren über die Bedingungen, unter denen das menschliche Leben steht, sondern nur der Versuch erkennbar, die Probleme hinweg zu rationalisieren, um sich mit den Kranken und Behinderten die stete Mahnung an Leid und Vergänglichkeit des Lebens vom Hals zu schaffen. Mit der Propagierung des Gnadentodes will man gnädig zu sich selber sein. Da reden keine Mitmenschen, sondern Technokraten, die das menschliche Leben und seine bestimmte Qualität nach ihrer Vorstellung von Gewinn und Verlust berechnen. Es ist die recta ratio im Gewand der Ökonomie.

Bei uns ist das gegenwärtig Theorie, Praxis ist es anderswo. »Irecuperabil«, »unwiederbringlich« hieß die Diagnose, die für rumänische Kinder den Verlust der Menschenwürde und schließlich das Todesurteil bedeutete. Die Ärzte, die für diese Diagnose zuständig waren, das sogenannte Pflegepersonal und die rumänische Öffentlichkeit hielten die Aussonderung der »Unwiederbringlichen« einschließlich der Umstände ihres Wartens auf den Tod für völlig gerechtfertigt. Das ergibt sich aus allen Stellungnahmen und Interviews, die man in der Presse hat lesen können. Zu der, angesichts eigener Verletzungen der Menschenwürde, unehrlichen Erschütterung des Auslandes über diese Zustände hat Lothar Evers, der Geschäftsführer der Deutschen Gesellschaft für Soziale Psychiatrie, bemerkt, die deutschen Ärzte seien in Rumänien, »weil wir die Verstrickung deutscher Ärzte und Psychiater in die Euthanasie der Nazi-Zeit studiert und erst Jahrzehnte später erkannt haben, daß sie keine spezifische Monstrosität war, sondern in den Bereich der Verhaltensweisen gehört, die es geben kann«[12]. Er setzte hinzu, daß das, was in Deutschland geschehen sei, nicht wieder geschehen dürfe, und doch sei es wieder geschehen. Es ist wieder geschehen und wird, bei uns oder anderswo, immer wieder geschehen, solange Menschen glauben, es sei normal und vernünftig, sich bei der Beurteilung anderer auf eine richtige oder vernünftige Einstellung berufen zu dürfen, so daß es Menschen im eigentlichen und in einem weniger eigentlichen Sinne gibt. So lange ein solches Denken normal ist, werden auch die scheinbar monströsesten Verhaltensweisen völlig normal sein.

In der Geschichte gibt es nicht viele Belege für ein anderes Denken. Dennoch gab es immer wieder Bestrebungen, den Begriff des Menschen nicht an einen reduzierten Begriff von Vernunft zu binden und statt dessen die ganze Palette menschlicher Möglichkeiten, selbst das Abseitige und »Abartige«, in den Begriff des Menschen aufzunehmen. Auch die Vertreter einer solchen radikalen Aufklärung gehörten dem bürgerlichen Denken an, waren allerdings gewöhnlich Außenseiter der offiziellen Aufklärung oder wurden gar zu Opfern der Reaktion. Eine der wenigen Ausnahmen neben dem zitierten Renaissancephilosophen Pico della Mirandola, dessen im Kontext seiner Zeit subversive Ideen ihm den Kirchenbann und die Verfolgung durch die Inquisition einbrachten, war Michel de Montaigne (1533–1592), der immerhin die menschlichen Monstren, die Krüppel und Andersgearteten, mit in den Begriff des Menschen aufgenommen sehen wollte. Er berief sich dabei auf einen Vernunftbegriff, den er selbst »universell und natürlich« nannte. Damit ging er, der die Stoa und vor allem Seneca bewundert hat, weit über die Vorstellung einer recta ratio hinaus und griff wieder die ursprüngliche stoische Idee einer allgemeinen Weltvernunft auf. An die Beschreibung eines mißgestalteten Kindes fügt er die Betrachtung an: »Was wir Monstren nennen, ist nicht monströs für Gott, der in seinem ungeheuren Werk die Unendlichkeit von Formen einbegreift, die er darin selbst entwarf.«[13] Daraus folgert er: »Wir nennen naturwidrig, was regelwidrig ist; nichts ist regellos. Möge diese universelle und natürliche Vernunft uns das Irren und das Erstaunen über die Neuartigkeit vertreiben« (S. 691). Montaignes »Essais«, die solche Theorien enthalten, wurden, wenn auch erst neunzig Jahre nach ihrem Erscheinen, auf den Index der verbotenen Bücher gesetzt, obgleich sein für so gefährlich gehaltener Menschenbegriff in Wahrheit immer noch nicht universell ist, auch wenn er die bisher verachteten monströsen Formen des Menschseins einbezieht. Das wird deutlich, wenn man die programmatischen Worte des Adolph Freiherr von Knigge (1752–1796) in seinem 1788 erstmals erschienenen Traktat »Über den Umgang mit Menschen« liest, daß sich nämlich der Umgang mit Menschen auf Pflichten gründe, »die wir *allen Arten von Menschen* schuldig sind«[14]. Hier sind nicht nur die Monstren im Begriff des Menschen mitgedacht, sondern alle Außenseiter jeder Couleur, so daß alle möglichen Unterschiede im Namen einer allgemeinen Rationalität tendenziell eingeebnet sind. Mit diesem Begriff vom Menschen wird ein universelles Gleichheitsgebot für alle in all ihrer Verschiedenheit gefordert. Knigge wurde zwar weder persönlich verfolgt noch sein Buch verboten, doch dessen Herabwürdigung zu einem Rezeptbuch guter Umgangsformen war nicht nur ein Mißverständnis seiner Absichten, sondern bot zugleich die Möglichkeit zur Entschärfung seiner revolutionären Ideen.

Knigges Begriff vom Menschen enthält eine sozialrevolutionäre Potenz, die auch heute noch nicht eingelöst ist. Sie ist selbst dort, wo ein aufrichtiges Interesse an der Behebung menschenunwürdiger Zustände besteht, nicht verwirklicht. Das zeigt sich auch an unserem Grundgesetz. Bei dessen Beratung hatte man die Erfahrungen aus der unmittelbaren Vergangenheit vor Augen und wollte ihre Wiederholung wenigstens für den Geltungsbereich des Grundgesetzes unmöglich machen. Deshalb hat man die Verfassung auf den sittlichen Wert der Menschenwürde begründet und schon im Artikel 1 bestimmt: »Die Würde des Menschen ist unantastbar.« Mehr wird zu diesem Begriff freilich nicht gesagt, vor allem wird nicht erklärt, worin denn diese Würde bestehen soll. Für nähere Auskünfte ist man daher auf die Kommentare zum Grundgesetz verwiesen, die diese Lücke zu schließen versuchen. Dabei zeigt sich aber überall, wie schwierig es ist, den hochherzigen Begriff der Menschenwürde rechtlich, politisch und moralisch zu konkretisieren. Der maßgebende Kommentar von Maunz und Dürig macht daher ausdrücklich auch nur den »*Versuch,* die Menschenwürde zu definieren«[15]. Ausgangspunkt ist dabei die Überlegung, daß der grundgesetzlichen Wertaussage über die Würde des Menschen eine Seinsgegebenheit zugrunde liege, die implizit die Menschenauffassung des Grundgesetzes enthalte. Sie soll darin bestehen, daß der Mensch Mensch sei »kraft seines Geistes, der ihn abhebt von der unpersönlichen Natur und ihn aus eigener Entscheidung dazu befähigt, seiner selbst bewußt zu werden, sich selbst zu bestimmen und sich und die Umwelt zu gestalten« (Art. 1, 18). Das sind aber Bedingungen, die zum Beispiel Anenzephale oder Geisteskranke nicht erfüllen können. Um sie nicht von vornherein aus dem Begriff des Menschen herausfallen zu lassen, braucht man eine begriffliche Hilfskonstruktion, die auch ihnen die Menschenwürde garantiert, die sie nach der Definition nicht haben können. Deshalb erklärt der Kommentar weiter, daß die Freiheit der Selbst- und Weltgestaltung »denknotwendig nur eine abstrakte Freiheit, d. h. eine Freiheit als solche sein kann, die 'dem Menschen an sich' eigen« (Art.1, 18) sei. Diese unsäglichen Ausdrücke von der Freiheit »als solche« und dem Menschen »an sich« machen die Würde des Menschen zu einem Wert, der so nichtssagend und verschwommen ist, wie diese Ausdrücke selbst. Die Menschenwürde hat jetzt nur noch einen »allgemein menschlichen Eigenwert« (Art. 1, 18) und kann daher »von vornherein nicht in der jederzeitigen gleichen Verwirklichung beim konkreten Menschen bestehen, sondern in der gleichen abstrakten Möglichkeit (potentiellen Fähigkeit) zur Verwirklichung« (Art. 1, 19). Diese Unterscheidung der bloß potentiellen Fähigkeit zur Verwirklichung der Menschenwürde von ihrer Verwirklichung selbst hat zwei Auswirkungen. Einerseits kann man dadurch in der Tat keinem Menschen die Fähigkeit, aber eben auch nur diese, zur Verwirklichung der Menschenwürde absprechen. Daher sei die Würde »auch als vorhanden zu denken, wenn ein konkreter Mensch (etwa der Geisteskranke) die Fähigkeit zur freien Selbst- und Lebensgestaltung von vornherein nicht hat« (Art. 1, 20). Andererseits hat diese Konstruktion aber eine Nebenwirkung, die in Wahrheit ihre gesellschaftliche Hauptwirkung ist; denn wenn die Menschenwürde zwar bei allen potentiell vorhanden, aber nur bei einigen verwirklicht sein soll, dann gibt es zwei Sorten von Menschen, die sich hinsichtlich der Menschenwürde unterscheiden. Es verwundert nicht, daß die Menschen, die die Menschenwürde nur potentiell haben, von dem Kommentar zu den Gruppen gezählt werden, die schon immer die Außenseiter und Randgruppen bildeten. Er nennt ausdrücklich Geisteskranke oder Verbrecher.

Nun hatte schon Cicero in seiner Schrift »De officiis« die Begriffe der Menschheit und der Menschenwürde auf die Gleichheit aller Menschen als deren wichtigstes Moment gegründet, ohne freilich den Widerspruch zwischen dieser These und dem durch die recta ratio bestimmten Menschenbild zu bemerken. Uns geht es nicht besser. Es hat lange gedauert, bis man sich allgemein darauf verständigt hatte, die Menschen rechtlich und politisch als gleich ansehen zu wollen. Doch diese Auffassung hat sich in fast allen nationalen Verfassungen und internationalen Konventionen durchgesetzt, weshalb auch unser Grundgesetz in Artikel 3 bestimmt: »Niemand darf wegen seines Geschlechtes, seiner Abstammung, seiner Rasse, seiner Sprache, seiner Heimat und Herkunft, seines Glaubens, seiner religiösen oder politischen Anschauungen benachteiligt oder bevorzugt werden.« An diesem Satz ist aber das Wichtigste dasjenige, was er verschweigt; denn in dieser Aufzählung, die gewissen groben Ungleichheiten vorbeugen kann, sind bestimmte Eigenschaften nicht enthalten, nämlich körperliche, psychische und moralische Eigenheiten, die viel feinere, verstecktere Ungleichheiten rechtfertigen und deretwegen ein Mensch sehr wohl bevorzugt oder benachteiligt werden darf. Relativ harmlos mag noch sein, daß Blinde ihrer Behinderung wegen vom Schöffenamt ausgeschlossen werden können (während sie durchaus Richter sein dürfen), problematischer wird es, wenn Menschen ihrer geistigen oder moralischen Eigenheiten wegen sogar die Menschenwürde abgesprochen wird. Unser Grundgesetz geht, wie schon erwähnt, davon aus, daß man die Grundrechte mißbrauchen könne, und erklärt in Artikel 18, wer die Grundrechte »mißbraucht, verwirkt diese Grundrechte«. Diese Festlegung berührt aber unmittelbar die Menschenwürde; denn die Grundrechte sind nur die in Einzelrechte aufgelöste Menschenwürde, deren Wertanspruch in die Teilrechte auf Freiheit und Gleichheit »inhaltlich näher präzisiert« (Art. 1, 10) wird. Über diesen Begriff des Mißbrauchs der Freiheit wird die grundgesetzliche Unantastbarkeit der Menschenwürde für Manipulationen verfügbar, wenn auch nur bei denen, die die Menschenwürde nicht konkret verwirklichen, sondern bloß potentiell haben. Das ist echtes, wenn auch schlechtes, stoisches Erbe; denn auch die Stoiker haben, entsprechend ihrem Verständnis vom wahren und rechten Menschen, die Menschenwürde, trotz der propagierten Gleichheit, an bestimmte Voraussetzungen geknüpft. Sie setze nämlich Charakter und Selbstbeherrschung voraus und komme deshalb nur Menschen mit diesen Eigenschaften zu. Für die Stoiker war dies *der Weise,* für den heutigen Bioethiker ist es *der personal existierende Mensch,* und für den Grundgesetzkommentator ist es *der Mensch, der die Menschenwürde konkret verwirklicht.*

Unsere Vorstellung von Menschenwürde kann also den Anspruch nicht erfüllen, den wir ihr unterstellen. Zwar kann der Begriff der Menschenwürde nicht mehr aufgegeben werden, ohne daß die Menschheit wieder in Barbarei versinkt, er wird aber der Idee der *Würde* so lange nicht gerecht werden können, so lange mit dem Wort *Mensch* nicht alle Menschen in all ihrer Verschiedenheit auf die gleiche Weise umfaßt werden; denn zum Begriff und zur Wirklichkeit des Menschen gehören auch das Mangelhafte und Unvollkommene, das Versehrte und Krankhafte, das Schändliche und Schlechte, und wer Menschen dieser Eigenschaften wegen aus der Gemeinschaft der Menschen ausschließt, will keine menschliche Welt. So lange das nicht begriffen ist, ist auch der Begriff der Menschenwürde nur ein beliebig verwendbarer Baustein für eine menschenunwürdige Welt. Die Berufung auf ein vernünftiges Wesen des Menschen, auf richtige Entscheidungen und gesunde Ansichten, die Reduzierung des Menschen auf solche scheinbar bloß positive Elemente ist selbst unvernünftig und inhuman. In Horkheimers kleiner Schrift »Vertrauen auf Geschichte« steht der skeptische, wohl aber nur realistische Satz: Der Versuch, »den Begriff des Menschen positiv zu fassen und aus ihm ein anderes Prinzip als das der Wirklichkeit zu gewinnen,... führt bloß in den Stoizismus, letzten Endes die Idee der Selbstbehauptung zurück«[16]. Im Hinblick auf die Folgen der stoischen Erbschaft einer recta ratio und des daraus abgeleiteten Menschenbildes stellt es sich als leichtfertig heraus, wenn man sich unbekümmert und ohne nachzufragen auf das Erbe der Antike bezieht. Wer aber nachfragt, dem verwandelt sich das naive Erstaunen darüber, daß schon die Alten so dachten wie wir, in das Erschrecken darüber, daß wir immer noch so denken wie sie.

III.

Verantwortung
Garant konservativer Ethik

Manche laufen Fahnen hinterdrein, andere Begriffen. Ihr Erscheinungsbild ist aber fast das gleiche; denn sie haben beide ihren Fetisch und ihr Pathos, und das Tschingdarassabum der einen findet seine Entsprechung in den Parolen der anderen. Sie reagieren auch ganz ähnlich, wenn man Zweifel an ihren Idealen äußert, die sie schon deswegen für sakrosankt erachten, weil sie Ideale sind. Beurteilen muß man beide allerdings verschieden; denn die einen sind gleichsam naturwüchsig gedankenlos und können nicht anders, die anderen aber sind es mit Absicht und machen wider besseres Wissen die Gedankenlosigkeit zum Prinzip sogar des Denkens. Sie sind daher nicht nur verdächtiger, sondern auch gefährlicher, ganz besonders dann, wenn es sich um praktische Begriffe handelt

Einer dieser Begriffe, die in unserer Zeit als Ideal und Fetisch dienen, ist die Verantwortung. Sie gilt heute als grundlegende und unverzichtbare Kategorie ethischen Denkens, obwohl sie in dieser Rolle noch ganz jung ist und eigentlich erst dem 20. Jahrhundert angehört. Noch der deutsche Idealismus sprach nur vom eher juristischen Begriff der Zurechnung (imputatio). Kant kam noch ganz ohne den Begriff der Verantwortung aus, Hegel verwendete ihn nur in seiner juristischen Bedeutung. Die erste mir bekannte Monographie, Wilhelm Weischedels Dissertation »Das Wesen der Verantwortung«, stammt aus dem Jahre 1933.[1] Weder ist dieses Datum ein Zufall noch die Tatsache, daß ein überzeugter Heidegger-Schüler diese Arbeit vorlegte. Das Wort Verantwortung taucht freilich schon im Mittelhochdeutschen auf, hat dort seinen Platz zunächst aber nur im Gebiet des Rechtswesens. Eine Sache verantworten, bedeutet, sie verteidigen und rechtfertigen. In diesem Zusammenhang ist der Begriff noch ganz unproblematisch, er wird aber sogleich zwielichtig, wenn man ihn über den juristischen Bereich hinaus als moralische Kategorie verwendet, und diese schillernde Mehrdeutigkeit macht ihn so brauchbar für vieles und daher so bedenklich. Die gewöhnlichen Definitionen klingen allerdings einleuchtend und harmlos. Stellvertretend für viele andere zitiere ich ein bekanntes Wörterbuch, das die philosophische communis opinio wiedergibt und in dem es heißt: »Verantwortung ist eine notwendige Folge der menschlichen Willensfreiheit und der darin gründenden Zurechnungsfähigkeit (Imputabilität). Kraft dieser muß die sittliche Person als maßgebende Ursache ihres guten und bösen Tuns vor ihrem Gewissen, vor der sittlichen Umwelt und besonders vor dem göttlichen Richter für ihre Taten einstehen und die unausbleiblichen Folgen ihres Verhaltens übernehmen.«[2] Diese Definition enthält die wesentlichen Momente im Begriff der Verantwortung, die sich in allen anderen Bestimmungen dieses Begriffes wiederfinden, sie offenbart aber auch, welch disparate Elemente dieser Begriff in sich vereint; denn die Möglichkeit der Verantwortung wird zwar auf die Freiheit zurückgeführt, doch wird mit der Drohung, daß man Rechenschaft für sein Tun ablegen und dessen Folgen tragen müsse, auch dafür gesorgt, daß die Freiheitsbäume nicht allzu hoch in den Himmel wachsen. Die Situation der Verantwortung wird daher stets mit einem Strafgericht verglichen und so der angeblich moralische Begriff doch wieder auf seine juristische Vergangenheit zurückgeworfen. Nicolai Hartmann zum Beispiel verwendet ausdrücklich »das Gleichnis des Tribunals«[3], und Eduard Spranger assoziiert »die Vorstellung von einem Gerichtshof«[4], wenn er an den Sachverhalt der Verantwortung denkt. Doch die Rechtssicherheit, die dem Angeklagten vor Gericht, wenigstens in zivilisierten Ländern, gewährt wird, fehlt bei der Verantwortung völlig; denn es bleibt offen, wie ihr der Mensch gerecht werden soll, wenn die verschiedenen, von ihm Rechenschaft fordernden Instanzen in Widerspruch zueinander geraten. Der göttliche Richter, das eigene Gewissen und die sittliche oder auch nur rechtliche Umwelt sind ja durchaus nicht immer einer Meinung.

Das eigentliche Problem liegt aber in dieser Assoziation selbst; denn die Einbindung auch des moralischen Verantwortungsbegriffs in die Sphäre des Strafrechts ermöglicht es, den Gebrauch der Freiheit zu kontrollieren und ihr selber Grenzen zu setzen. Diese Funktion der Verantwortung für die Freiheit erklärt das neuere Interesse an ihr, und diesem antiaufklärerischen Programm, unter Freiheit und Autonomie nur die durch Verantwortung beschränkte Freiheit des bürgerlichen Individuums zu verstehen, hat sich eine ganz bestimmte connection von Politikern, Wissenschaftlern und Philosophen verschrieben. Walter Schulz formuliert mit einer Selbstverständlichkeit, die das Fragwürdige in den Rang einer Voraussetzung erhebt: »Die Idee, daß die Freiheit des Menschen eine gebundene Freiheit ist, das heißt, daß der Mensch sich immer im Blick auf das ihm vorgegebene Geschehen in seinem Tun und Lassen zu vermitteln hat, läßt sich explizieren durch die Bestimmung der Verantwortung.«[5] Die Verantwortung ist also das Vehikel, mit dem man die Freiheit binden und beschränken kann, und das ist offenbar ihre Hauptaufgabe. Jedenfalls gehen alle gegenwärtigen Versuche, die Ethik neu oder überhaupt eine neue Ethik zu begründen, von dieser Prämisse aus, und so schreibt Hans Jonas, der die Verantwortung sogar zu einem Prinzip, also zu einer Grundlagenkategorie, erhoben hat: »Der endgültig entfesselte Prometheus, dem die Wissenschaft nie gekannte Kräfte und die Wirtschaft den rastlosen Antrieb gibt, ruft nach einer Ethik, die durch freiwillige Zügel seine Macht davor zurückhält, dem Menschen zum Unheil zu werden.«[6] Man müsse daher »die neuen Pflichten neuer Macht« (S. 7) herleiten, und dazu sei nötig, die »Verantwortung ins Zentrum der Ethik« (S. 9) zu rücken. Der Charakter einer Polizei-Verordnung, den die Ethik seit längerem dadurch gewonnen hat, daß man sie als eine Sammlung von Ge- und Verboten versteht, wird also nicht in Frage gestellt, sondern bestätigt und verstärkt; denn Jonas will nichts von dem, »was schon immer ethisch gegolten hat«[7], außer Kraft setzen, vielmehr müssen dem Katalog der Pflichten »neue *hinzugefügt* werden« (S. 274). Der Form nach erscheint das ethische Wissen dabei als eine Art Kochbuch, in dem die Rezepte für das menschliche Handeln gesammelt sind. Neue Rezeptvorschläge unterbreitet Jonas zum Beispiel für die Bereiche »Vorbeugende Eugenik« (S. 172), »Pränatale Auslese« (S. 175) oder »Der Patient im irreversiblen Koma« (S. 258). Die Fragwürdigkeit eines solchen Ethikverständnisses soll hier nicht erörtert werden, seine hilflose Unwirksamkeit zeigt sich aber nicht zuletzt auch daran, daß das »verantwortungslose« Handeln im wirtschaftlichen, sozialen, ökologischen oder militärischen Bereich immer größere Ausmaße annahm, ohne sich von der zunehmenden und zunehmend selbstzufriedeneren Debatte um das »verantwortungsvolle« beeinflussen zu lassen.

Getreu diesem Programm der Freiheitsbeschränkung stellt Georg Picht, einer der führenden Ideologen dieses Verständnisses der Verantwortung, die besondere Struktur der Verantwortlichkeit am Modell des Untertanen dar: »Wenn man die Rechenschaft, die ein Untergebener seinem Vorgesetzten schuldig ist, 'Verantwortung' nennt, so gibt man dieser Rechenschaft eine ethische Begründung, die über das rechtliche Verhältnis des Untergebenen zum Vorgesetzten hinausweist. Der Vorgesetzte erscheint als Repräsentant einer höheren Ordnung, die über die rechtlichen Verpflichtungen hinaus eine prinzipiell unabgrenzbare höhere Verbindlichkeit in Anspruch nimmt«[8]. Der Untergebene muß seinem Vorgesetzten eigentlich nur Rechenschaft und nichts anderes ablegen. Das gesteht auch Picht durch seine *hypothetische* Satzkonstruktion zu. Jede Rechenschaft bezieht sich aber nur auf den definierten Bereich der Zuständigkeit und gilt nur im Rahmen der eigenen Kompetenz; denn zuständig ist man bloß für gewisse übertragene oder selbst übernommene Aufgaben. Deren Inhalt bestimmt sich freilich »nicht aus dem souveränen Willen des Subjektes, das sich diese Aufgaben setzt, sondern er bestimmt sich durch die Struktur der Sachprobleme« (S. 336). Übernimmt der Mensch die in der Aufgabe vorgegebene Zuständigkeit, dann »erfüllt er seine 'Rolle'« (S. 337). Als Beispiel für solche Rollenübernahme wird gewöhnlich die Situation der Eltern zitiert; denn Eltern übernehmen in der Tat eine Aufgabe, deren Inhalt, für das Wohl der Kinder zu sorgen, und dessen konkrete Gestaltung sich nicht aus dem Willen der Eltern, sondern unmittelbar aus der Struktur der Sache ergibt. Erfüllen Eltern diese Aufgabe nicht, dann handeln sie als Eltern unverantwortlich. In diesem Zusammenhang der begrenzten Zuständigkeit haben der Begriff der Rolle und die Bewertung eines Verhaltens als verantwortlich oder unverantwortlich einen einsehbaren und unbedenklichen Sinn. Das ändert sich aber, sobald man die Zuständigkeit mit dem moralischen Begriff der Verantwortung überhöht. Picht begründet die angebliche Notwendigkeit dafür mit dem Hinweis, daß »'Zuständigkeitsbereiche' nur ein anderes Wort für Verantwortungsbereiche« (S. 336) sei, so daß es eigentlich gar keine bloßen Zuständigkeiten mehr geben kann. Jetzt betreten andere Ordnungen die Bühne, die zwar durch irdische Instanzen repräsentiert werden, aber eine Verbindlichkeit beanspruchen, die zwar ethisch genannt wird, doch schon in ihrer Kennzeichnung als »höhere« auf eine transzendente Begründung zielt. Die Verantwortung ist nämlich, wie Jonas expliziert, »von keiner vorherigen Zustimmung abhängig, unwiderruflich und unkündbar; und sie ist global«[9]. Diesen absoluten Anspruch erhebt aber nicht nur die von Natur aus bestehende Verantwortung etwa der Eltern, sondern auch »die 'künstlich', durch Erteilung und Annahme eines Auftrages instituierte, zum Beispiel die eines Amtes« (S. 178); denn auch diese soll letztlich »so unbedingt und unwiderruflich wie nur jede von der Natur gesetzte« (S. 179) sein. Die Verantwortung geht daher *prinzipiell* über eine bloße Zuständigkeit hinaus. Sie ist umfassend, betrifft den Menschen insgesamt und unterstellt den ethischen Bereich des Handelns und Verhaltens diffusen religiösen Dimensionen. Dieser quantitative und qualitative Totalitarismus ist ihr eigentlicher Zweck.

Ersetzt man die Zuständigkeit durch den Begriff der Verantwortung, legt man auch den Begriff der Rolle, die ein Mensch spielt, auf eine ganz bestimmte Bedeutung fest; denn man kann eine Rolle gestalten wie ein Schauspieler, der ihr durch seine Persönlichkeit Profil und Leben verleiht; man kann sie aber auch wie eine Marionette spielen, die, von außen gelenkt, auf die Gestaltung des Spiels keinen Einfluß hat. Und als solche Marionette wird der Mensch gedacht, der verantwortlich ist; denn »die einem jeden aufgetragene Verantwortung« weist den Menschen, wie Picht erklärt, »aus sich selbst und seiner Innerlichkeit hinaus«[10]. Der verantwortliche Mensch ist daher »als ein Wesen bestimmt, das sein Selbstsein nicht in sich selbst, sondern außer sich hat« (S. 322). Wer eine solche Rolle spielt, spielt selber keine mehr, und wer immer ein anderer als er selber ist, der ist nicht mehr frei; von einer Autonomie des Subjektes kann hier überhaupt nicht mehr gesprochen werden. Diese Schlußfolgerung wird nun aber nicht etwa entrüstet zurückgewiesen, sie wird ausdrücklich bestätigt. Nicht Autonomie oder Freiheit, schreibt Walter Schulz, der sich für den Begriff der Verantwortung expressis verbis auf Picht beruft, sondern »die Verantwortung ist 'letzte Instanz'«[11]. Deshalb kann auch Picht, ohne den inneren Widerspruch in dieser Formulierung zu bemerken, sagen: »Die klassische Formel für den auf die autonome Vernunft zurückbezogenen Begriff der Verantwortung ist der kategorische Imperativ bei Kant.«[12] Die Verantwortung im Ambiente des kategorischen Imperativs ist gewissermaßen der locus amoenus aller neueren Ethiker. Aus der kategorischen Verbindlichkeit der Verantwortung zieht Picht dann den konsequenten Schluß: »Die Reichweite der Verantwortung ist prinzipiell weiter als die Reichweite jeder möglichen Moral und die Reichweite jedes möglichen Rechtes« (S. 331). Nach Recht und Moral hat also nicht mehr zu fragen, wer seiner Verantwortlichkeit gerecht werden will; denn diese geht allen anderen Verpflichtungen vor. Es ist also müßig, etwa die Justiz im Dritten Reich und ihre Verbrechen an der Moral oder auch nur an geltendem Recht messen zu wollen. Die Richter waren ihrem Führer gegenüber verantwortlich und sind mit der Erfüllung ihrer Aufgabe ihrer Rolle und Verantwortung gerechtgeworden. Ihre Vorgesetzten haben Rechenschaft von ihnen verlangt und sie hätten die Folgen schon zu tragen gehabt, wenn sie ihre Aufgaben nicht erfüllt hätten.

Bisher haben wir in der Verantwortung nur die Aspekte beachtet, die sich bei dem Modell des Untergebenen und Vorgesetzten aus der Verantwortlichkeit des Untergebenen ableiten lassen. Was aber ist mit dem Vorgesetzten? Er trägt doch nach allgemeiner Überzeugung eine größere Verantwortung als jener, ist aber nicht in der Situation des Untergebenen, so daß die bisherigen Bestimmungen auf ihn nicht angewendet werden können; denn sie sind ja alle aus dem Vergleich mit einem Tribunal oder Gerichtshof gewonnen. Zu einem Tribunal gehören aber prinzipiell immer zwei verschiedene Instanzen, eine, die verantwortlich ist, und eine andere, vor der sie sich verantworten muß. Dieser Vergleich kann also nur bei dem Untergebenen angestellt werden, versagt aber da, wo es gar keine zweite Instanz und keinen Vorgesetzten mehr gibt, der zur Rechenschaft ziehen könnte. Da die Situation des Tribunals für den Begriff der Verantwortung aber konstitutiv ist, dürfte man mithin beim Vorgesetzten gar nicht mehr von Verantwortung reden. Dies wäre jedoch das offene und ehrliche Eingeständnis, daß der Begriff der Verantwortung nur bestimmten Herrschaftsinteressen diene und als Mittel verwendet werde, nach unten psychischen und moralischen Druck auszuüben. Um diesen Eindruck gar nicht erst hervorzurufen, spricht man bei Vorgesetzten und Führungskräften nun erst recht und in einem emphatisch gesteigerten Sinne von Verantwortung. Gerade sie gelten als die eigentlich Verantwortlichen, und daher wird auch bei ihnen das hier eigentlich unmögliche Bild vom Tribunal benutzt. Das dadurch entstehende Problem mit der zweiten Instanz wird dabei stets auf eine zwar elegante, aber in ihrer Spitzfindigkeit doch auch wieder recht törichte Weise gelöst; denn an die Stelle der Instanz, vor der man sich verantworten muß, werden keine konkreten Personen, sondern abstrakte Werte als Richter eingesetzt. Diese Werte nehmen jedoch ihren Richtersitz, wie Nicolai Hartmann ausdrücklich hervorhebt, »nicht aus eigener Kraft ein, es ist wiederum die Person, die sie dort thronen läßt, denn bei ihr steht es, welche Werte sie sich zu Richtern über ihr Tun setzt« (S. 739). Deshalb kommt bei dieser Art Verantwortung die Person gleich »zweimal vor: einmal als das sich Verantwortende, dann aber als das Tribunal, vor dem es sich verantwortet« (S. 738).

Die Verantwortung ist hier also im strengen Sinne Selbstverantwortung; denn der Angeklagte setzt sich selbst als Richter über sich ein. Das ist ein Gedanke, der im Bereich des Rechts völlig absurd wäre, in dem der Ethik aber in Ordnung sein soll. Kant, dem man die Sorge um die Autonomie des Subjekts gewiß nicht absprechen kann, wendet gegen eine solche Begriffsverwirrung mit Recht ein, daß der »Angeklagte mit dem Richter als *eine und dieselbe Person* vorgestellt werde, ist eine ungereimte Vorstellungsart von einem Gerichtshofe; denn da würde ja der Ankläger jederzeit verlieren.«[13] Deshalb nimmt Kant als zwingend an, daß der Mensch sich einen anderen »als sich selbst, zum Richter seiner Handlungen denken« (S. 438) müsse, weswegen er schließlich »vor Gott seiner Thaten wegen« (S. 439) verantwortlich sei. Doch dem Dilemma der Selbstverantwortung entgeht man nicht dadurch, daß man vor sie noch eine andere, höhere Verantwortung vorschaltet, nämlich die vor Gott, der nun die allerhöchste Instanz für die eigentliche und wahre Verantwortung sein soll. Für das religiöse Gefühl mag dies eine sinnvolle Lösung sein, so daß »die Ersetzung der echten Verantwortlichkeit durch die Selbstverantwortung« sogar als »Sünde in ihrer Urform«[14] erscheinen mag, weil sie nämlich die Verantwortung vor Gott aufhebt. Doch das ist nicht das entscheidende Problem. Sachlich wichtig ist vielmehr, daß die Verpflichtung bei der Selbstverantwortung und bei der Verantwortung vor Gott ein und dieselbe ist, weil jeder selbst auch darüber bestimmt, wer sein Gott sein und was diesem zukommen soll.

Wer nur sich selbst gegenüber verantwortlich ist, muß sich vor anderen Menschen nicht mehr rechtfertigen. Für das handelnde Subjekt ist keine sittliche oder rechtliche Ordnung, die es selbst nicht anerkannt hat, verbindlich. Hinweise auf die eigene Verantwortung dienen daher nur noch der Erklärung, nicht mehr der Rechtfertigung des Handelns. Die Instanz, vor der man sich verantwortlich erklärt, verflüchtigt sich deshalb auch ins Allgemeine und Unverbindliche; denn die Verantwortung vor Gott und der Welt ist so verschwommen und nichtssagend wie dieser Ausdruck selbst. Besteht man darauf, daß man eine konkrete Instanz nennen müsse, vor der man verantwortlich sei, wird gewöhnlich erklärt, man fühle sich nur der Geschichte gegenüber verantwortlich. Sonderbarerweise empfindet es niemand als Rätsel, wie denn dieser Anspruch vor der Geschichte eingelöst werden soll, da die Verantwortung doch »als Zukunft auf den Menschen zukommt«[15], wie Weischedel schreibt. Die Zukunft aber ist dem Menschen durchaus unbekannt und kann im besten Fall ein Stück weit geahnt, nicht aber gewußt werden. Wer sein Tribunal in solche nebulöse Fernen rückt, ist vor jeder Verantwortung sicher. Schon Hegel hat diese Konsequenz der Unverantwortlichkeit der Entscheidungsträger offen ausgesprochen; denn die »beratenden Stellen oder Individuen (sind) allein der Verantwortung unterworfen; die eigentümliche Majestät des Monarchen, als die letzte entscheidende Subjektivität, ist aber über alle Verantwortlichkeit für die Regierungshandlungen erhoben«[16]. Die Unverantwortlichkeit ist das wesentliche Merkmal in der Verantwortung der Entscheidungsträger. Es ist daher ein Unterschied, ob jemand als Untergebener oder als Vorgesetzter verantwortlich ist. Um diese Differenz benennen zu können, sage ich im ersten Fall, jemand sei verantwortlich, im zweiten, jemand habe oder trage Verantwortung. Diese Ausdrücke sind zugegebenermaßen wenig präzis, und man könnte sie mit fast demselben Recht umgekehrt verwenden, doch die Sachverhalte selbst sind durchaus klar. Der Verantwortung unterliegt also, wer verantwortlich ist, wer aber Verantwortung trägt, kann als der eigentlich Verantwortliche nicht zur Verantwortung gezogen werden. Zwar ist auch der Vorgesetzte verantwortlich, sofern er selbst wieder Untergebener sein kann, doch je höher einer in der Hierarchie steigt und je mehr Verantwortung er trägt, desto weniger muß er anderen noch Rechenschaft ablegen. Als Lebenserfahrung spiegelt sich diese Wahrheit in dem bitteren Satz, daß man die Kleinen hänge, die Großen aber laufen lasse. Zuletzt und in großem Maßstab hat sich diese Wahrheit bei der Schadensabwicklung des Dritten Reiches gezeigt; denn die kleinen Nazi-Schergen hat man verurteilt, die Schreibtischtäter, die Richter, Mediziner und hohen Beamten kamen aber wieder zu Amt und Würde und leben zum Teil immer noch, als Mörder zwar, doch angesehen, unter uns. Es sind immer und überall nur die gesellschaftlich führenden Kreise, die Entscheidungsträger und Machthaber, die sich nicht zu verantworten haben und sich alles erlauben können. Keiner von denen, die Verantwortung tragen für militärische Hochrüstung, für Hungerstrategien in der Dritten Welt, für die Verschwendung lebenswichtiger Ressourcen oder die globale Umweltzerstörung, kann wirklich haftbar gemacht werden. So eröffnet der Begriff der Verantwortung den Verantwortungsträgern das Privileg, verantwortungslos und dennoch ohne persönliche Nachteile handeln zu können.

Die Unverantwortlichkeit der wirklich Verantwortlichen wird von diesen sogar fröhlich zur Schau gestellt. Wenn etwa der deutsche Bundeskanzler zur Verteidigung der Atomenergie sagt, er übernehme dafür die Verantwortung, dann ist das trotz der Tatsache, daß der Atommüll zehntausende von Jahren strahlen wird, nicht einfach nur lächerlich (das natürlich auch), er setzt damit aber auch als gewiß und selbstverständlich voraus, daß er die Folgen seines Tuns nun wirklich nicht zu verantworten habe. Auch die ehemalige britische Regierungschefin, die jahrelang nackten Wirtschaftsegoismus und harten Durchsetzungsindividualismus predigte und in die Praxis umsetzte, leugnet ihre Verantwortung, wenn sie jugendliche Ausschreitungen in den Slums britischer Städte nicht als Folge ihrer Politik, sondern bloß als Mangel elterlicher Verantwortung den Kindern gegenüber begreift. Am deutlichsten offenbart sich aber dieses Bewußtsein der Verantwortungslosigkeit bei der in Militärdiktaturen üblichen, bei uns unlängst schmählich gescheiterten Selbstamnestie der Machtinhaber, durch die verhindert werden soll, daß andere mit Berufung auf »höhere« rechtliche oder moralische Prinzipien die Vorgesetzten-Verantwortung, die man bisher hatte, später in eine Untergebenen-Verantwortung umzudeuten versuchen. Auf diese prinzipielle Unverantwortlichkeit der Verantwortungsträger hat sich auch Filbinger, der ehemalige Ministerpräsident von Baden-Württemberg, berufen, als er sich für seine Tätigkeit als Marinerichter mit dem Satz zu rechtfertigen suchte, was damals rechtens gewesen sei, könne heute nicht unrecht sein. Was er also damals vor seinem Gewissen als höchster Instanz als recht erkannt hatte, das glaubt er vor keiner weiteren Instanz, die sich heute als höhere versteht, rechtfertigen zu müssen. Daß ihm diese Vorgesetzten-Verantwortung jetzt zum Fallstrick werden soll, ist für ihn ein Verstoß gegen die Regeln der Verantwortlichkeit und darauf beruht seine Überzeugung, daß ihm Unrecht geschehe.

Die zweifache Bestimmung der Verantwortung und deren Zusammenfassung in einem einzigen Begriff entlastet aber nicht nur diejenigen, die wirklich die Verantwortung tragen, sie belastet jene, die verantwortlich sind, doppelt; denn sie sind zunächst zwar ihrem Vorgesetzten gegenüber verantwortlich, dann aber auch vor ihrem Gewissen und den sittlichen Forderungen. Treten beide Rechenschaft fordernde Instanzen in Widerstreit, hat man Pech; denn jede erwartet die Erfüllung der Verantwortung ihr gegenüber, und dieses Dilemma ist nicht aufzulösen. Wer unter der Herrschaft des Nationalsozialismus den Gehorsam verweigerte, hatte die Folgen zu tragen; denn seine Vorgesetzten haben als »Repräsentanten einer höheren Ordnung« Rechenschaft von ihm verlangt. Der Hinweis auf sein Gewissen hätte Sanktionen nicht verhindert, sondern vielleicht sogar verschärft. Wer hingegen alle Befehle seiner Vorgesetzten, wenn auch mit inneren Vorbehalten, so doch aus Furcht vor den manchmal lebensbedrohenden Folgen ausführte, wurde später von anderen Repräsentanten einer anderen höheren Ordnung auch zur Rechenschaft gezogen, mit der Begründung, er habe, indem er seine Untergebenen-Verantwortung erfüllte, das sittliche Prinzip verletzt. Die Verantwortung stellt damit den Untergebenen vor eine Alternative, die keine ist; denn die Rache irgendeiner Ordnung trifft ihn in jedem Fall. Daß sie eine »höhere« sein soll, tröstet ihn da wenig. Deshalb ist es einfach nicht wahr, wenn jetzt Hans Jonas wieder in einem Interview erklärt, die Anonymität sei bei der Verantwortung »die größte Schwierigkeit. Niemand kann mehr individuell verantwortlich gemacht werden«[17]. Diese Erfahrung wird zwar durch jeden Verantwortungsträger bestätigt, doch durch jeden Untergebenen widerlegt. Jonas, der als Intellektueller selbst Verantwortungsträger ist, und der deshalb nur konsequent handelt, wenn er mit seiner These die wirklichen gesellschaftlichen Verhältnisse verantwortungslos verschleiert, konnte sie nur aufstellen, weil er nicht zwischen beiden Arten der Verantwortung unterscheidet und daher das Privileg des Verantwortungsträgers auf den überträgt, der bloß verantwortlich ist – und es ihm dann noch neidet.

In ihrer die wirklich Verantwortlichen entlastenden und die Mehrheit doppelt belastenden Funktion offenbart sich die antidemokratische Struktur der Verantwortung. Dieses Moment diffamiert sie aber nicht, sondern ist im Gegenteil das eigentlich Honorige an ihr; denn diejenigen werden als Persönlichkeiten hoch geachtet, die Verantwortung tragen, welche Schufte sie auch sonst sein mögen; denn »daß das *Tragen von Verantwortung* zur moralischen Grundverfassung des Menschen gehört, daß es ihn im ethisch-terminologischen Sinne zur 'Person' macht«[18], das ist eben nicht nur ein Philosophen-Schnack, sondern allgemeine Überzeugung. Aufs schönste bestätigt dies der auf verschiedenen Schultern Verantwortung tragende Graf Lambsdorff, der, ohne daß dies ein Hohngelächter der Öffentlichkeit zur Folge gehabt hätte, nach seiner Verurteilung behaupten konnte, er fühle sich für jedes Amt und somit für weitere Verantwortlichkeiten geeignet. Deswegen drängt sich, wer geachtet sein will, nicht an Positionen, wo man bloß verantwortlich ist, sondern an Positionen, wo man Verantwortung trägt. »Der paradigmatische Fall«, schreibt Hans Jonas arglos, »ist der Politiker, der nach der Macht strebt, um Verantwortung zu gewinnen, und nach der höchsten Macht zum Zwecke höchster Verantwortung.«[19] Deshalb bewerbe sich, fährt er ohne Anflug von Ironie fort, »der Anwärter um die Macht, um sich Verantwortung aufbürden zu können« (S. 181). Daß ihn gerade dies vielleicht verdächtig macht, kommt Jonas nicht in den Sinn. Nach dieser Logik sind vielmehr die verdächtig und gewiß keine Persönlichkeiten, die keine Verantwortung haben wie die Penner auf der Straße, oder die keine übernehmen wollen wie die jugendlichen Aussteiger, oder die sich ihrer Verantwortung entziehen; denn sollte sich einer »der Verantwortung zu entledigen trachten oder sich gar der Verantwortung entziehen, bringt er sich um den letzten Funken Achtung«[20]. Er verletzt nämlich die oberste Regel der Untergebenen-Verantwortung, nach der jeder verantwortlich ist, von dem eine übergeordnete Instanz Rechenschaft fordert, und durch diese Forderung wird einer zum Untergebenen, so vorgesetzt er auch sonst gewesen sein mag. Ein Beispiel der jüngsten Zeit haben wir an der Affäre Barschel; denn der war ein ehrenwerter Mann, solange er sich nicht scheute, Verantwortung zu übernehmen und sie, unbesorgt um Recht und Moral, zu tragen. Erst als er nicht mehr verantwortlich sein wollte, brachte er sich um die Achtung. Dieses Gefühl für die Gleichheit unter der Verantwortung ist allerdings nur ein scheinbar demokratisches, in Wahrheit ist es ein bloßes Ressentiment; denn jeder wäre gerne oben und mißgönnt es den anderen, dort zu sein. Um so hämischer trifft diese dann seine Verachtung.

Die antifreiheitlichen und antidemokratischen Intentionen, die den philosophischen Begriff der Verantwortung prägen, hat ein Mann klar erkannt und praktisch genutzt, dessen Erwähnung im Zusammenhang mit dem Begriff der Verantwortung leicht Empörung auslösen kann. Zu Unrecht allerdings; denn Adolf Hitler zog nur die Konsequenzen aus diesem Begriff, von dessen Notwendigkeit er überzeugt war. Was ihm deshalb in der parlamentarischen Demokratie »zuallererst und am allermeisten zu denken gab, war das ersichtliche Fehlen jeder Verantwortlichkeit einer einzelnen Person«[21], so daß niemand »je zur Rechenschaft gezogen werden« (S. 85f) konnte. In den politischen Gremien herrsche, wie er annahm, »Feigheit vor der Verantwortung« (S. 262), und es schien ihm notwendig zu sein, »gegen solche Gesinnung mit äußerster Schärfe Stellung zu nehmen« (S. 661); denn daß in der Demokratie niemand mehr verantwortlich sein wolle, führe schließlich »zur Demolierung des Führergedankens überhaupt« (S. 87). Diese Konsequenz wird auch heute noch bedenkenlos als ein Argument gegen demokratische Tendenzen angeführt. Helmut Schelsky hat gegen die Formel »Mehr Demokratie wagen«, die Willy Brandt in seiner Regierungserklärung von 1969 gebrauchte, eingewendet: »Die Tendenz zu 'mehr Demokratie' (...) verringert vor allem den Kreis derer, die persönliche Initiative und soziale Verantwortung (...) zu übernehmen bereit sind«[22]. Demokratisierung dürfe also nicht dazu führen, daß einige davon abgehalten werden, Verantwortungsträger zu sein und Führungsfunktionen auszuüben. Deutlicher kann man die antidemokratische Tendenz im Begriff der Verantwortung eigentlich nicht mehr aussprechen. Gegen die allgemeine Verantwortungslosigkeit stellt Hitler seinen »Grundsatz unbedingter Verbindung von absoluter Verantwortlichkeit mit absoluter Autorität«[23]. In diesem Grundsatz, der zunächst nur für die Parteiorganisation formuliert war, aber »dereinst der Grundsatz des Aufbaues unserer ganzen Staatsauffassung zu sein« (S. 501) hat, entspricht die »absolute Verantwortlichkeit« der Verantwortung als Untergebener; denn jeder Verantwortliche untersteht seinem Vorgesetzten und ist »für die ihm übertragenen Aufgaben restlos verantwortlich« (S. 661). »Die absolute Autorität« entspricht hingegen der Verantwortung als Vorgesetzter; denn

»der erste Vorsitzende ist verantwortlich für die gesamte Leitung« (S. 661), und da niemand mehr über ihm steht, verfährt er, wie es ihm der Philosoph geraten hätte, und setzt seine eigenen Werte als Richter über sein Handeln ein. Als Führer fühlte sich Hitler daher auch nur vor der Geschichte und der Vorsehung verantwortlich und handelte entsprechend.

Hitler geht also von denselben Voraussetzungen aus wie die Philosophen und er kommt zu demselben Schluß. Seine Bemerkungen zur Verantwortung sind allerdings präziser; denn er löst den verschwommenen Begriff in seine komplementären Komponenten aus Vorgesetzten- und Untergebenen-Verantwortung auf und spricht die Asymmetrie dieses Unterschieds als »Autorität jedes Führers nach unten und Verantwortlichkeit nach oben« (S. 501) unverhüllt aus. Seine Politik ist die vollkommene Durchführung dieses Programms. Mit dieser Politik wollen diejenigen natürlich nichts zu tun haben, die den Begriff der Verantwortung bloß propagieren und die sich womöglich noch mit ihren guten Absichten herausreden. Sie können sich dabei auf ihren eigenen Begriff berufen; denn als Intellektuelle gehören sie zu den Verantwortungsträgern und sind als solche nicht verantwortlich zu machen. Ein typisches Beispiel für diese Einstellung ist Eduard Spranger, der den Nationalsozialismus emphatisch begrüßte und später nie Gelegenheit fand, sich davon zu distanzieren, wohl aber mehrfach in Vorträgen und Aufsätzen eine »Erziehung zum Verantwortungsbewußtsein« forderte. Wie sehr sich diese Schreibtischtäter aber doch mit jener Politik identifizieren, zeigt Sprangers, seinen Verantwortungsbegriff entlarvender Rat, »bei den Versagern, die sich nicht selbst disziplinieren können, gelegentlich auch auf den militärischen Stil zurückzugreifen: Mit den Leichtfertigen müssen Verantwortungen gleichsam exerziert werden.«[24]

Hitler gibt mit seiner Verbindung von Verantwortung und Führergedanke auch einen Hinweis darauf, weshalb der Begriff der Verantwortung erst so spät relevant wurde. Er spricht ausdrücklich von dem »Prinzip des Führergedankens und der *daraus bedingten* Verantwortlichkeit«[25]. Die Verantwortung wurde erst gebraucht, als die traditionellen Institutionen, die Prinzipien für die Praxis entwickelten, fragwürdig geworden waren und ihre lenkende und verpflichtende Funktion verloren hatten. Je schneller dabei das vor allem technische Können des Menschen zunahm, desto drängender wurde die Forderung nach Orientierung und Führung; denn die neuen Möglichkeiten des Handelns sind in ihrer Wirkung ambivalent. Sie können fördernd wie hemmend und sogar zerstörend sein. In dieser Situation scheint die Verantwortung das geeignete Mittel zu sein, den Menschen vor den verhängnisvollen Auswirkungen seiner eigenen Macht zu schützen. Das bestätigt Hans Jonas, der sich übrigens als einziger die Frage stellt, weshalb die Verantwortung »bisher nicht im Zentrum ethischer Theorie stand«[26]. Seine Antwort gipfelt in dem Satz, Verantwortung sei »ein Korrelat der Macht, so daß Umfang und Art der Macht den Umfang und die Art der Verantwortung bestimmen« (S. 230). Die zunehmende Macht des Menschen, sein erweitertes Können und die Furcht vor den möglichen Konsequenzen haben damit erst die »Verantwortung ins Zentrum der Moral« (S. 233) gerückt und lassen sie heute nötiger erscheinen als je zuvor. Sie soll die führende Instanz sein, die bestimmt, wie und wozu diese Macht gebraucht werden soll. Eine umfassende Verunsicherung und Orientierungslosigkeit sind also die Gründe, die der Verantwortung zu ihrer dominierenden Rolle verholfen haben und die sie zu einem unentbehrlichen Begriff moderner Ethik werden ließen. Diese fragwürdige Herkunft ist aber kein ausreichendes Kapital, um das künftige Leben der Menschheit sinnvoll und womöglich sogar glücklich zu gestalten.

Picht hat am Anfang seiner Überlegungen festgestellt: »Fast sieht es so aus, als bestünde ein Interesse daran, diesem Begriff jene unbestimmte Vieldeutigkeit zu erhalten, die es jedem erlaubt, von Verantwortung zu reden, ohne daß er sich dadurch verpflichtet und bindet.«[27] Angesichts der wirklichen Funktion der Verantwortung muß man allerdings feststellen, daß es nicht nur fast so aussieht, als hätte man ein Interesse daran, diesem Begriff jene bestimmte Eindeutigkeit zu geben, die es jedem erlaubt, von Verantwortung zu reden, um andere dadurch zu verpflichten und zu binden. Im Begriff der Verantwortung drücken sich höchst reale Interessen der führenden ökonomischen und gesellschaftlichen Kräfte aus, und dies macht ihn zu einem wichtigen Begriff im Spannungsfeld von politischen und metaphysisch-theologischen Vorstellungen. In der zunehmenden Bedeutung dieses Begriffs offenbart sich nämlich ein bedeutsamer historischer Veränderungsprozeß. Ursprünglich hatte die Ethik den Anspruch auf Selbstbestimmung der Lebensführung erhoben; sie war die Instanz, die dem Subjekt seine Autonomie gegen die Beschränkungen durch politische, juristische und administrative Zuständigkeiten bewahrte. Das hat sich heute gründlich gewandelt; denn im Netz vielfältiger Abhängigkeiten sind die Freiräume des Subjekts heute allein durch die politisch-rechtliche Ordnung gesichert. Wo keine rechtlichen Bestimmungen Freiheiten definieren und durch staatliche Institutionen garantieren, da gibt es auch keine Freiheiten. Sofern solche aber bestehen, werden sie heute durch die Berufung auf die Verantwortung, also auf angeblich höhere Ordnungen, die aber durch höchst irdische Personen und deren Interessen definiert sind, bedroht. Wenn früher der politisch-administrative Bereich den Menschen disziplinierte, so soll das heute in einer schlechten Kontinuität der Geschichte durch die Verantwortung geschehen. Deutlich wird das bei der Diskussion um den § 218 des Strafgesetzbuches, der ein Recht zugesteht, das diejenigen, die von Verantwortung reden, nur als Schuld begreifen, wie sich kürzlich wieder bei dem Memminger Prozeß um einen Frauenarzt gezeigt hat. Deutlich wird dies auch bei den Möglichkeiten der Gentechnologie, wo der Hinweis auf die Verantwortung verhindern soll, daß ein neues Recht überhaupt zugesprochen wird.

Man sollte deshalb jedem mißtrauen, der leichthin von Verantwortung spricht, als wäre dies ein unbelasteter, womöglich unverzichtbarer Begriff; denn gerade diejenigen reden von Verantwortung, die andere beschränken und ihre eigene Zuständigkeit verschleiern wollen. Sie mißbrauchen dabei diesen Begriff nicht; denn ein Mißbrauch besteht doch nur in sprachlichen Nachlässigkeiten, etwa wenn man sagt, jemand habe etwas zu verantworten, aber damit nur meint, er sei schuld daran. Bedenklich ist vielmehr sein *rechter* Gebrauch, auch und gerade wenn man sich seiner inhumanen Konnotationen nicht bewußt ist und ihnen, im Bewußtsein seiner aufrichtigen Absichten, um so gründlicher erliegt. Weder kann ein so später und problematischer Begriff mit Sinn und Nutzen auf historische Phänomene angewendet werden, deren Intentionen er zum Teil sogar widerspricht, noch kann man das gegenwärtige und zukünftige Leben mit ihm gestalten wollen. Die Aufgabe einer nicht opportunistischen Philosophie ist es vielmehr, die ideologische und historische Bedingtheit der Verantwortung aufzudecken und ihre verheerenden Folgen für alle Bereiche des gesellschaftlichen und individuellen Lebens nachzuweisen. Das wirklich Beunruhigende und Erschreckende ist aber, daß die Verfechter der Verantwortung offen sagen, was sie damit wollen, und daß dennoch niemand Anstoß daran nimmt. Man kann sich das nur mit Gedankenlosigkeit, mit einem Mangel an kritischem Geist erklären; aber es gibt keinen vernünftigen Grund, sich in die Reihe der Unvernünftigen einzuordnen.

IV.

Plädoyer gegen Toleranz

Die Toleranz ist ein Begriff, der heute fast selbstverständlich akzeptiert wird, der vor zwei Jahrzehnten aber in Deutschland heftig umstritten war. Einen Dissens hätte es darüber freilich nie geben können, verstünde man darunter immer noch, wie zu Beginn seiner Karriere, fast nur die Duldsamkeit in Glaubensfragen. Solange dieser Begriff nicht wesentlich mehr meinte, genügte als Kritik Kants Bedenken, es sei eine Anmaßung, sich einer Haltung als Tugend zu rühmen, zu der man doch sowieso verpflichtet sei. Im modernen Sprachgebrauch versteht man aber unter Toleranz mehr und anderes als bloße Duldsamkeit hinsichtlich religiöser Überzeugungen. Die Toleranz ist erwachsen geworden, meint nicht mehr nur Duldung, sondern Anerkennung von Andersartigkeit und besetzt mit diesem Anspruch mittlerweile alle Bereiche des privaten und öffentlichen Lebens. Sie ist damit zur tragenden Tugend der modernen Demokratie geworden, zur sozialen und sittlichen Grundlage des heutigen pluralistischen Staates. Sobald dieser fragwürdig wurde, mußte auch die Kritik an der Toleranz grundsätzlicher werden.

Unbekümmert kann man den Begriff der Toleranz heute also nicht mehr gebrauchen, zumal schon die Beobachtung bedenklich stimmen muß, daß sich dieser Begriff so sehr als Schlagwort eignet und so leicht und wenig widerspenstig in all die unsäglichen Sonntagsreden integrieren läßt, mit denen uns Politiker aller Couleur und Philosophen eher konservativer Provenienz nerven. Doch wie wenig ernst man die Schwierigkeiten mit diesem Begriff immer noch nimmt, zeigt sich zum Beispiel an dem von Uwe Schultz herausgegebenen Sammelband mit dem Titel »Toleranz. Die Krise der demokratischen Tugend und sechzehn Vorschläge zu ihrer Überwindung«[1]. Gleich im Dutzend und mit leichter Hand werden hier Lösungsvorschläge für eine Krise der Toleranz unterbreitet, was doch voraussetzt, daß diese Krise entweder nicht so schwer oder den Autoren nicht so recht bewußt geworden sei. Ich selbst kann keinen siebzehnten Lösungsvorschlag versprechen, glaube vielmehr im Gegenteil zeigen zu können, daß die Schwierigkeiten mit der Toleranz einerseits nicht nur auf einer zeitbedingten Krise, sondern auf einem sachlichen Dilemma beruhen, das sich nicht einfach auflösen läßt, und andererseits, daß die Toleranz, die ein Kind der Aufklärung ist, für ein Bewußtsein, das unter den gegenwärtigen gesellschaftlichen und ökonomischen Bedingungen aufgeklärt sein will, nicht mehr ausreicht, sondern Aufgeklärtheit heute sogar verhindert. Zu einer fundierten Begründung dieser doppelten These wäre freilich weit mehr zu leisten, als bloß einen Aufsatz vorzulegen, in dem sich eher ein Unbehagen an diesem Begriff artikulieren als sein Ungenügen hieb- und stichfest begründen läßt, aber ich hoffe dennoch, mein Unbehagen wenigstens verständlich machen zu können. Meine Bedenken werden auch nicht dadurch geringer, daß ich die Schwierigkeiten dieses Begriffes selbst nicht beheben oder gar unproblematischere Begriffe aus dem philosophischen Zylinderhut zaubern kann. Um aber nicht von vornherein mißverstanden zu werden, möchte ich ausdrücklich darauf hinweisen, daß ein Plädoyer gegen die Toleranz natürlich ebensosehr ein Plädoyer gegen die Intoleranz ist. Mir scheint das ganze Begriffsfeld für die Bewältigung unserer gegenwärtigen Probleme ungeeignet zu sein.

Mein erstes Bedenken gründet sich auf die begriffliche Unklarheit der Toleranz, der man sich gerade wegen der weltanschaulichen Vielgestaltigkeit unserer Gesellschaft fast täglich bewußt werden kann; denn keiner weiß doch so recht, ob sich die Toleranz nur auf die Meinung anderer oder auch auf deren Handeln beziehen soll und wie weit man dabei mit seiner Toleranz gehen muß oder vielleicht auch nur darf. Deshalb läßt sich selbst bei gewissenhafter Prüfung im konkreten Fall oft nicht entscheiden, ob man nun genug oder nicht doch schon wieder zu tolerant ist. Solche Fragwürdigkeiten sind aber nur Zeichen dafür, daß der Begriff der Toleranz und der Bereich seiner sinnvollen Anwendung bis heute nicht zureichend untersucht wurden; denn alle philosophischen Versuche, diesen Begriff faßbar zu machen, erweisen sich schnell als ungenügend, meist sogar als widersprüchlich. Ich beschränke mich als Beleg und zur Darstellung dieses Ungenügens auf wenige, aber prägnante Beispiele. So schreibt Wilhelm Weischedel in seinem Buch »Skeptische Ethik«, Toleranz bedeute »das Dulden der Meinung und des Verhaltens des anderen, auch wenn diese der eigenen Meinung und dem eigenen Verhalten entgegengesetzt sind«[2]. Das ist eine eindeutige Definition, und wenn einer als Philosoph so etwas schreibt und der wissenschaftlichen Diskussion aussetzt, darf und muß man ihn sogar beim Wort nehmen. Also nehmen wir ihn auch beim Wort. Nach seiner Definition ist nun aber nicht nur jede Meinung, sondern auch jedes Verhalten gleich gültig und unterschiedslos zu dulden, also auch das Verhalten eines Triebtäters oder Massenmörders. Das kann Weischedel im Ernst aber nicht gemeint haben, und deshalb darf man ihn doch nicht wirklich beim Wort nehmen, sondern muß sich fragen, was er denn eigentlich gemeint haben könnte. Wenn seine Definition nicht ganz sinnlos sein soll, muß man sie präzisieren und so einengen, daß daraus keine absurden Ergebnisse mehr folgen können. Toleranz kann dann aber nur noch die Duldung der Meinung und des Verhaltens anderer sein, wenn sie der eigenen Meinung zwar entgegengesetzt sind, aber nur so weit, daß man sie vor seinem eigenen Gewissen immer noch akzeptieren kann. Mit dieser Einengung würde man aber nicht mehr die Toleranz, sondern exakt die Intoleranz definieren; denn der Maßstab für die Toleranz wäre jetzt nur die eigene Meinung und die subjektive Beliebigkeit, also höchst intolerante Prüfungsinstanzen.

Doch zu dieser Konsequenz führt Weischedel seinen Begriff der Toleranz. Er geht nämlich davon aus, beim anderen sei nicht »duldend alles hinzunehmen, was er tut« (S. 206). Die Notwendigkeit dieser Beschränkung ist für uns selbstverständlich; denn auch im gewöhnlichen, nicht philosophisch reflektierten Verständnis der Toleranz enthält sie diese beiden Momente: die Duldung anderer und die Beschränktheit dieser Duldung. Aber die Aufgabe des Wissenschaftlers wäre es nun, diese Beschränkung entweder begrifflich zu begründen oder ihren Anspruch abzuweisen. Das ist nicht viel verlangt, das ist nur eine minimale Forderung. Weischedel läßt sich auf diese Aufgabe aber gar nicht erst ein, vielleicht hat er sie auch gar nicht gesehen, jedenfalls *behauptet* er einfach eine Grenze der Toleranz, wobei er deren vage Allgemeinheit damit rechtfertigt, sie sei halt »nicht scharf zu ziehen« (S. 206). Doch die Unschärfe betrifft nicht so sehr die Sache selbst, als vielmehr das Denken Weischedels; denn aus seiner Definition ergibt sich nicht, daß und warum die Toleranz Grenzen haben müsse und wo die verlaufen müßten. Die Behauptung einer Grenze wird bei Weischedel allein durch die Unsinnigkeit seiner Definition erzwungen, die freilich nur ein Nachvollzug dessen ist, was sowieso jeder glaubt und was die übliche Praxis bei der Toleranz ist; denn sie hat in der Tat überall Grenzen, und zwar so merkwürdig unscharfe. Bis vor kurzem noch wurden zum Beispiel homoerotische Männer kriminalisiert und mit Strafe bedroht, Frauen aber nicht. Es gibt aber keinen Grund dafür, daß man im einen Fall tolerant, im anderen intolerant zu sein habe, verfassungsrechtlich spricht sogar alles dagegen. Solche Unstimmigkeiten werden zwar hin und wieder festgestellt und fallweise kritisiert, niemand fragt aber nach, warum die Grenze der Toleranz so unscharf sei und was dies für ihre begriffliche Formulierung bedeute. Der Grund ist höchst einfach: man müßte sonst nämlich zugeben, daß jeder die Grenze seiner und damit der Toleranz dort findet, wo er selbst etwas nicht mehr für tolerierbar hält. Die Grenze der Toleranz ist subjektiv und willkürlich, und das sind Momente, die auf die Idee der Toleranz kein gutes Licht werfen. Der Höhepunkt der Unklarheit wird aber erreicht, wenn Weischedel erklärt, es gebe »Weisen des Verhaltens, die nicht toleriert werden können; dazu gehört insbesondere die Intoleranz« (S. 206). Was aber, bitte, soll denn Intoleranz sein? Toleranz war doch gerade eben ein Doppeltes: erstens das Dulden der Meinung und des Verhaltens der anderen und zweitens das Nichtdulden von ganz bestimmtem Verhalten. Damit enthält Weischedels Begriff der Toleranz schon beides, tolerante Momente und intolerante zugleich, und einen Gegenbegriff gegen die Toleranz kann es daher gar nicht mehr geben. Darin drückt sich das eigentliche Dilemma bei der Bestimmung der Toleranz aus: wenn man sie rein, als Duldung der Meinung und des Verhaltens von andern, versteht, zeitigt sie unsinnige Ergebnisse, beschränkt man aber diese Duldung, dann erweitert man den reinen Begriff der Toleranz um die Intoleranz, und die Intoleranz wird zum inneren Moment der Toleranz.

Weischedel verfährt bei seinen Überlegungen aber nicht anders als andere, und so kann man in einem philosophischen Wörterbuch ganz Ähnliches lesen, nämlich daß die Toleranz die Haltung eines Menschen sei, »der bereit ist, die Überzeugungen anderer, besonders weltanschaulicher oder moralischer Art, die er für falsch oder verwerflich hält, und ihre Äußerungen nicht zu unterdrücken«[3]. Wenn aber die Toleranz wirklich darin bestehen sollte, selbst das noch zu dulden, was man für verwerflich hält, dann kann man sie gar nicht ausüben wollen, weshalb auch Brugger versucht, die Überschwenglichkeit seiner Behauptung mit dem Hinweis auf eine auch aus seiner Definition sich nicht ergebende Grenze der Toleranz zu relativieren. Das Prinzip der Toleranz, fährt er nämlich fort, bestehe zwar im »Recht der Person, aus eigener Einsicht zu handeln« (S. 409), aber die Grenze dieses Rechtes sei dann erreicht, wenn dieses Recht selber angegriffen werde. Solche Erklärungen belegen aber nur, wie groß die Verlegenheit ist, in der man sich mit der Toleranz befindet. Um die Unsinnigkeit dieser Definitionsversuche zu erkennen, muß man nur einmal die gegebenen Bestimmungen anwenden und konkret durchspielen. Wenn demnach einer mein Recht, aus eigener Einsicht zu handeln, aus seiner Einsicht heraus verletzt – und diese Einsicht des anderen darf ich ja nicht geringer achten als meine eigene – dann darf ich ihn daran hindern, daß er aus seiner Einsicht heraus so handelt. Damit verletze aber ich wiederum sein Recht, aus eigener Einsicht zu handeln, worauf er wieder mich hindern darf – und so begründet und rechtfertigt man den allgemeinen Kleinkrieg und den großen auch. Solche bloß formalen Erklärungen verstricken und verheddern sich in ihren eigenen unaufgeklärten Widersprüchen. Man redet zwar so, wie Weischedel und Brugger schreiben, wenn man aber so schreibt, wie man allgemein redet, dann ist das bloßes

Geschwätz, wenn auch ein durch das Epitheton »philosophisch« geadeltes.

Wenn die Toleranz im Dulden anderer besteht, dann ist Intoleranz gewiß das Nichtdulden der anderen. Unter dieser Prämisse kann man entweder tolerant sein und muß damit auch den Massenmörder dulden, oder man duldet dessen Intoleranz nicht und verfällt damit selbst der Intoleranz. Diesem Dilemma kann man nicht entgehen, auch wenn es mancher dadurch versucht, daß er die Anwendung der Toleranz und ihre Grenze »an übergeordneten Werten orientiert«[4], wie es Gerhard Szczesny vorschlägt. Man löst damit aber keineswegs das Problem, sondern verschiebt es nur auf die neue Frage, welche Werte denn die übergeordneten sein sollten. Aber auch diese Frage läßt sich nicht von vornherein und für alle prinzipiell entscheiden. Dieser hilflose Versuch macht aber deutlich, daß man das eigentliche Problem bei der Toleranz gar nicht im begrifflichen Ansatz sucht, sondern immer nur in dem Nebenproblem der Grenzziehung, ohne daß jemals der Grenzverlauf näher konkretisiert werden könnte. Auch Gerhard Szczesny behilft sich da mit einer ganz allgemeinen Formulierung, wenn er schreibt: »Wenn Toleranz nicht an sich selbst scheitern soll, muß sie sich nach zwei Seiten hin absichern: Gegen die, die ihr zu enge, und gegen die, die ihr gar keine Grenzen setzen« (S. 104). Man wartet allerdings vergebens darauf, daß er auch erklärt, wo denn die Grenzpfähle aufzustellen seien, aber er vermittelt eine Ahnung davon, wenn er hinzusetzt, eine solche recht begrenzte Toleranz helfe den Menschen bei ihrer »Suche nach Werten, nach Ordnung und Autorität« (S. 105). Seinen Kopf vertrauensvoll in den Schoß konservativer Ordnungsbegriffe zu legen, ist aber gewiß kein ausreichendes Verfahren, zumal solche Erklärungen auch einem ganz simplen Verständnis von Toleranz selber nicht gerecht werden.

Ich habe diese Autoren nicht deshalb als Beispiele gewählt, weil sie besonders einfältig argumentieren würden. Anderen geht es nicht besser. Die Unklarheiten und Widersprüche in den Definitionsversuchen beruhen nämlich auf einer grundlegenden Schwierigkeit im Sachverhalt der Toleranz selbst, die man, im Bestreben, sich diesen Begriff nicht zweifelhaft werden zu lassen, sich gewöhnlich nicht eingesteht. Diese Schwierigkeit kann man am Beispiel des Streites um das Kopftuch islamischer Mädchen in französischen Schulen demonstrieren. Die Tatsache, daß in Frankreich sehr häufig Kinder aus den verschiedensten Ländern und Religionsgemeinschaften gemeinsam unterrichtet werden, scheint von vornherein Toleranz zu fordern, und daher verpflichtet die französische Verfassung den Staat auch zur strikten Neutralität in Religionsfragen. Dennoch hat das höchste französische Verwaltungsgericht erklärt, religiöse Insignien seien in der Schule zulässig, wenn sie nicht provozierend zur Schau getragen würden. Damit glaubten die Richter wohl, sich elegant aus der Affäre ziehen zu können, doch ein solches Urteil hilft keiner Schule, die konkret entscheiden muß, was geschehen solle; denn jetzt stellt sich doch die Frage, was wann und unter welchen Umständen provozierend sei, und darüber gehen die Ansichten auseinander. Jede Partei fühlt sich in solchen Streitfragen durch die andere Seite provoziert. Wenn man fordern wollte, die Mehrheit sollte das Kopftuchtragen dulden, dann könnte sie mit Recht erwidern, wer angesichts der Reaktionen weiter darauf bestehe, das Kopftuch tragen zu dürfen, dem gehe es um Provokation, nicht um Toleranz, der sei also selbst intolerant und könne nicht seinerseits von den anderen Toleranz fordern. In der Tat liegt hier das eigentliche Problem; denn ist in einer solchen Situation der eine tolerant, siegt die Intoleranz des anderen, und das ist keine sehr befriedigende Lösung. Wäre hingegen den einen gleichgültig, ob andere Kopftücher tragen oder nicht, und würden andererseits die anderen auf das Tragen des Kopftuchs verzichten, wenn sie damit bei anderen Anstoß erregen, wäre gar kein Fall eingetreten, der Toleranz erfordern würde. Würden also beide Seiten von vornherein die später nötige Forderung nach Toleranz erfüllen, gäbe es kein Problem, zu dessen Lösung es der Toleranz bedürfte, und die Forderung nach Toleranz ginge ins Leere. Die Forderung nach Toleranz ist daher erst sinnvoll, wenn Menschen schon von vornherein intolerant sind. Erst dann, wenn das Beharren auf der eigenen Individualität und die Abwehr des Fremden die ursprünglichen Phänomene sind, kann die Forderung nach Toleranz als nachträglicher Versuch, diese Phänomene sozial erträglich zu machen, auftreten.

Und damit komme ich zu meinem zweiten Bedenken. Die Toleranz ist kein ursprüngliches Verhalten, keine Haltung, die sich zwingend aus dem menschlichen Miteinander ergeben würde. Das ist trotz ihrer großen Bedeutung für unsere gegenwärtigen Verhältnisse eigentlich eine Binsenwahrheit, die sich schon aus der Tatsache ergibt, daß der Begriff der Toleranz historisch so jung ist. Wenn aber das Wort und die Sache erst so spät auftauchen, dann kann das ja nicht heißen, daß die Menschen früherer Zeiten samt und sonders intolerant gewesen wären. Auch das ist nur eine Binsenweisheit; denn wer die Toleranz nicht kennt, kann natürlich auch nicht intolerant sein. Die Griechen, die man so gern als den Beginn der europäischen Humanität zitiert, kannten jedenfalls keine Tugend der Toleranz und waren doch nicht einfach nur intolerant. Natürlich gab es auch damals Verhaltensweisen, die wir heute als intolerant bezeichnen, und wahrscheinlich waren sie auch damals nicht weniger häufig als heute, aber es gab auch die Heiligkeit des Gastrechts oder die Achtung und Anerkennung, die Herodot den Sitten anderer Völker zollte, oder das Verständnis des Thukydides für das relative Recht sowohl der Athener wie der Spartaner für ihre jeweiligen Standpunkte, ohne daß man solche Verhaltensweisen für Zeichen von Toleranz gehalten hätte. Da die Grundvorstellung, die wir heute im Begriff der Toleranz denken, Voraussetzung für die Koexistenz verschiedener weltanschaulicher Orientierungen ist, muß man auch damals Regelungsmechanismen besessen haben, die es erlaubten, mit verschiedenen und sich widersprechenden Lebensentwürfen gesellschaftlich zurecht zu kommen; denn die Griechen lebten zwar in keiner pluralistischen, aber auch in keiner weltanschaulich geschlossenen Gesellschaft, was im Hinblick auf die Gemeinsamkeit des Mythos und der verbindenden Paideia leicht vergessen wird. Ihr Regelungssystem waren aber weder rechtliche Verpflichtungen noch moralische Handlungsanweisungen, sondern emotionale Regungen oder Affekte, die in ihrer Wirkung der Wirkung unserer sittlichen Haltung der Toleranz vergleichbar sind. Daß Affekte für Tugenden einstehen können, ist an sich nicht erstaunlich, da Affekte und Tugenden miteinander verwandt sind, wenn uns auch die abstrakte Formel der griechischen Philosophie für diese Nähe, daß nämlich beide mit Lust und Unlust verbunden seien, heute vielleicht nicht mehr zu überzeugen vermag. Die Begründung für das mögliche Recht dieser Formel kann ich mir in unserem Zusammenhang aber wohl sparen. Trotz dieser Verwandtschaft, bei der ja noch gar nicht ausgemacht ist, wie eng nun die Familienbande sind, muß man aber doch die grundsätzlichen Unterschiede zwischen den Affekten und Tugenden beachten; denn die Affekte werden unmittelbar erregt, während die Tugenden rational begründete Verhaltensweisen sind. Daher kann man tolerant sein, ohne den anderen zu mögen, aber wenn man ihn mag, bedarf es der Toleranz nicht mehr; denn Selbstbehauptung und Selbstverteidigung sind dann nicht mehr nötig.

Aristoteles hat als erster im zweiten Buch seiner »Rhetorik« eine wissenschaftliche Darstellung der Affekte vorgelegt. Das Buch ist für uns deswegen so interessant, weil es kein spekulativ konstruiertes System der Affekte enthält, sondern eine deskriptive Bestandsaufnahme der Gefühlsregungen der Menschen seiner Zeit. Das Philosophische an diesem Buch besteht lediglich darin, daß Aristoteles diese Affekte nachträglich systematisch zu ordnen versuchte. Zu Beginn seiner Darstellung untersucht Aristoteles zwei verschiedene, aber aufeinander bezogene Arten von Affekten. Die Grundlage der einen ist die Gleichheit zwischen den Menschen. Dabei handelt es sich um die Freundschaft, wenn eine Gleichheit besteht, und um die Feindschaft, wenn sie vermißt wird, wo sie bestehen sollte. Die andere Gruppe aber bezieht sich auf Ungleiches und Andersartiges, ihre Basis ist die gegenseitige Achtung. Fehlt die Achtung, spricht Aristoteles von Orge, von Heftigkeit, Mißmut, Unwille und Wut. Die gewöhnliche Übersetzung mit »Zorn« verkürzt das Phänomen. Achten sich aber andersartige Menschen, dann ist ihre Gestimmtheit die Praotes. Diesen Affekt können wir heute noch nicht einmal recht benennen. In den Übersetzungen behilft man sich mit so unglücklichen Ausdrücken wie Sanftmut, Gelassenheit oder Milde. Dieser Affekt ist eine Art »Katastasis«[5], ein ruhiger, gelassener Zustand. Er ist also die Empfindung zwischen Menschen, die sich in ihrer Andersartigkeit und besonderen Individualität achten und akzeptieren, die einander gerade mit ihrer Verschiedenheit gelassen begegnen und nicht ängstlich und unsicher und aggressiv. Wenn Goethe später über die Toleranz sagt, sie müsse »eigentlich eine vorübergehende Gesinnung sein; sie muß zur Anerkennung führen«, dann hat er damit unabsichtlich die Intention dieses aristotelischen Affektes wieder getroffen, dessen besonderer Vorzug gegenüber der Toleranz ist, daß die Anerkennung, die diese erst erreichen will, in jenem schon vorausgesetzt ist. Wer in der Stimmung der Praotes ist, dem muß Toleranz daher nicht mehr empfohlen werden. Dieser Affekt beweist zwar nicht, daß man früher duldsamer mit anderen gewesen wäre, als wir es heute sind, aber er belegt, daß man dann, wenn man andere »tolerierte«, der Toleranz gerade nicht bedurfte, und damit auch, daß die Toleranz für ein geregeltes Zusammenleben von Menschen verschiedener Art und weltanschaulicher Orientierung nicht nötig ist.

Dieser Affekt überdauerte die Zeiten aber nicht, wobei in unserem Zusammenhang offen bleiben kann, warum das geschah und wie das überhaupt möglich ist, sowohl daß Affekte verschwinden als auch daß sie durch moralische Haltungen ersetzt werden können. Jedenfalls erzwang das Verschwinden des Affektes der Sanftmut in einer bestimmten historischen Situation die Forderung nach Toleranz; denn wenn die Koexistenz verschiedener weltanschaulicher Orientierungen nicht mehr affektiv gesichert ist, müssen andere Regelmechanismen dafür eintreten. Wer Fremden gegenüber emotional nicht gelassen und sanftmütig ist, auf sie vielleicht sogar unsicher reagiert und sie daher ablehnt, braucht einen Ersatz für die gefühlsmäßige Akzeptanz des anderen. Dazu können andere Affekte nur beschränkt dienen; denn sie wirken nur (wie zum Beispiel das Mitleid oder die Zuneigung) in bestimmten, eingeschränkten Situationen, beziehen sich aber nicht auf das Verhältnis zu andersartigen und fremden Menschen generell. Deshalb enthalten alle heutigen Verhaltensweisen, die in ihrer Wirkung dem Affekt der Praotes nahekommen, moralische Implikate. Deutlich ist das bei der Toleranz der Fall, die heute für die Praotes einstehen muß. Die Toleranz ist daher nicht nur eine zeitbedingte und im Kontext einer bestimmten Zeit sogar notwendige Kategorie, sondern auch ein Zeichen für einen Mangel, ein Signum für ein psychisches Defizit. Sie ist somit, genau besehen, durchaus keine Tugend, sondern stellt nur den Versuch dar, einen emotionalen

Mangel zu kompensieren. Dennoch muß man diese Entwicklung von einem Affekt zu einer Handlungsanweisung nicht unbedingt bedauern; denn Stimmungen können schwanken und garantieren kein beständiges Verhalten. Eingeübte und schließlich zur Gewohnheit gewordene Verhaltensweisen sind hingegen dauerhafter, und insofern war der Wechsel vom Affekt zur Tugend vielleicht sogar ein Gewinn.

Je größer nun der Mangel emotionalen Einverständnisses zwischen fremden Menschen ist, desto dringlicher scheint die Forderung nach Toleranz zu sein, weswegen sie gerade heute erhoben wird, da Fremdenhaß, Ausländerfeindlichkeit und das Ausgrenzen von gesellschaftlichen Randgruppen gang und gäbe sind. Doch die Toleranz leistet heute nicht mehr angemessen, was sie eigentlich leisten soll und gewiß auch lange Zeit geleistet hat. Einerseits enthält und fordert sie zuviel; denn man kann nicht gegen alles tolerant sein wollen. Die Probleme, die sich daraus ergeben, habe ich in meinem ersten Bedenken formuliert. Andererseits enthält der Begriff der Toleranz zuwenig; denn niemand kann seinen Anspruch auf Tolerierung seiner Eigenart einfordern. Es besteht kein Recht auf Toleranz. Angesichts groben Unrechts in der Welt ist die Forderung nach Toleranz nicht nur hilflos, sondern oft genug kontraproduktiv; sie kann sogar als Alibi für Nichteinmischung selbst bei intoleranten Situationen dienen. Herbert Marcuse hat deshalb für bestimmte Erscheinungsformen der Toleranz den Ausdruck »repressive Toleranz« geprägt und Robert Paul Wolff der Toleranz in seinem berühmten Aufsatz über den Pluralismus und dessen Verhältnis zur Toleranz überhaupt die Fähigkeit abgesprochen, die gesellschaftlichen Probleme unserer Zeit lösen zu können. Er nennt sie zwar ausdrücklich den Vorzug der pluralistischen Demokratie, sie ist für ihn aber nur »die höchste Stufe der politischen Entwicklung des Industriekapitalismus«[6] und hat mit dieser Rolle auch ihre historische Aufgabe erfüllt. Wolff anerkennt damit die historische Bedingtheit der Toleranz, wenn er aber die Forderung nach einem neuen »Ideal der Gesellschaft« (S. 59) aufstellt, »das höher steht als das bloße Gelten-Lassen entgegengesetzter Interessen und vielfältiger Sitten« (S. 59), wird auch die Gefahr durch solche Verkünder neuer Ideale sichtbar: »Jenseits von Pluralismus und jenseits von Toleranz« (S. 59) beginnt das Reich der Besserwisser, das Reich derer, die wissen, wo es langgeht und was vernünftig ist, also das Herrschaftsgebiet der Intoleranz und Unduldsamkeit. Dieser Weg, der einen Rückfall in einen Bewußtseinszustand darstellt, der die Forderung nach Toleranz überhaupt erst notwendig machte, ist im Ernst nicht mehr gangbar; denn die Grundvorstellung, die wir mit der Idee der Toleranz verbinden, kann man nicht aufgeben, ohne der Intoleranz zu verfallen. Aber was nützt es einem Türken, wenn er hört, man solle ihm gegenüber tolerant sein, während er am Arbeitsplatz, bei der Wohnungssuche, in der Schule, in der Kneipe und auf der Straße diffamiert und angepöbelt wird? Und was nützt es Frauen, wenn man sie mit dem Angebot, sie gesellschaftlich zu tolerieren, abspeisen wollte? Da ist doch mehr zu fordern und wird mit Recht auch mehr verlangt.

Wir müssen deshalb die Idee der Toleranz den Forderungen unserer Zeit anpassen, und wie das aussehen müßte, hat Dorothee Sölle schon vor zwanzig Jahren angedeutet, als sie schrieb, »daß die politische Forderung des frühen Bürgertums nach Toleranz heute ihr Äquivalent in der proletarischen Forderung nach Mitbestimmung, Partizipation oder am eindeutigsten nach Selbstbestimmung hat. Die Wiederholung der alten Forderung wird daher den wirklichen heutigen Kämpfen nicht gerecht und lenkt von ihnen ab.«[7] Sie hat damit den entscheidenden Punkt getroffen: Die Toleranz kann den Anspruch, den man mit ihr formuliert, heute nur dadurch erfüllen, daß sie aufhört Toleranz, also bloß ein sittliches Verhalten, zu sein. Die in ihr enthaltenen nebulösen Forderungen an den einen müssen zu einem konkreten Rechtsanspruch des anderen umgeformt werden. Das bedeutet auch, die Rechtsansprüche exakt zu definieren; denn ein Recht ist nur ein Recht, wenn es kasuistisch genau ist. Die Unklarheiten des Toleranzbegriffes könnte man sich dabei nicht mehr erlauben. Es ist doch wahrhaftig absurd, daß noch das kleinste Eigentumsdelikt, ja selbst eine bloße Beleidigung, staatlich verfolgt und dem Geschädigten ein Recht auf Wiedergutmachung zugestanden wird, während man sich ungestraft jede Intoleranz erlauben darf, und dies, obwohl die Intoleranz die Gleichberechtigung und Gleichwertigkeit der Menschen, also Werte mit Verfassungsrang, negiert. Natürlich wird man nicht in allen Bereichen, in denen wir Toleranz fordern, ein Recht installieren können. Das ist weder möglich noch überhaupt auch nur nötig; denn für manche Bereiche ist Toleranz auch weiterhin eine sinnvolle Forderung und brauchbare Ergänzung zu anderen Verhaltensweisen, für manch andere aber ist das Wort Toleranz schlichtweg zu hoch gegriffen. Es hebt menschliche Beziehungen in moralische Höhen, wo es um viel bescheidenere Verhaltensweisen geht. Goethe, dem der Begriff der Toleranz nicht ganz geheuer war, hatte kleinere begriffliche Brötchen im Sinn, als er nach einem Besuch bei Merck in Darmstadt schrieb, er, Merck, habe ihn gut gekannt, aber sein, Goethes, »ewiges Geltenlassen, das Leben und Lebenlassen war ihm ein Greuel«. Leben und Lebenlassen (wenn man dies als vielleicht noch nicht einmal glückliches Beispiel gelten lassen will) ist gerade in einer multikulturellen Umwelt das, was am wenigsten Mühe kostet und einem selbst die größte Unabhängigkeit läßt. Es gibt oder gab Gesellschaften, wo das selbstverständlich war und wo die größere Forderung nach Toleranz nicht so recht verstanden worden wäre.

Mit dieser Überführung von Toleranzforderungen in Rechtsansprüche hebt man die Toleranz auf und führt dadurch eine Entwicklung weiter, die damit begann, daß Affekte wie die Sanftmut durch moralische Regelungen wie die Toleranz ersetzt wurden. Nur wenn die Idee der Toleranz in den entscheidenden Lebensverhältnissen zu einem Rechtsanspruch umgeformt sein wird, werden wir dem Anspruch, aufgeklärt zu sein, auch heute noch gerecht werden können. Dann wird auch Kants Einwand wirkliche Realität geworden sein, daß man nämlich zur Toleranz verpflichtet sei. Wer hingegen weiterhin nur auf die Toleranz setzt, wird der Idee der Toleranz nicht zur Wirksamkeit verhelfen, will es vielleicht auch nicht, will vielleicht weiter nur »Nathan, den Weisen, spielen«, wie das Martin Walser nannte. Auf ihn träfe aber wirklich Kants Verdacht zu, daß er sich weiterhin einer Haltung als Verdienst rühmen möchte, auf die der andere längst ein Recht hat.

V.

In Arcadia nemo

Du forderst Arkadien von mir?
Du forderst viel;
ich geb' es dir nicht.
(Pythisches Orakel)

Du forderst Arkadien von mir?

«Arkadien, wo sich unsere Träume ein Stelldichein geben«[1]; so hat man das Land, das spätestens durch Vergil zur Chiffre des glücklichen Lebens wurde, charakterisiert. Doch das bukolische Arkadien ist selbst nur ein Traum, und das wirkliche sieht anders aus, als es die Sehnsucht malt. Es ist ein karges Land, ein Hirtenland zwar, doch nicht aus idyllischer Neigung, sondern aus Not; denn viel blüht und gedeiht hier nicht, und so finden nur Schafe und Ziegen zwischen harten Steinen ihr genügsames Futter. Wie dieses wirkliche Arkadien kein sorgenfreies Dasein garantieren kann, so vermag das Leben das Bedürfnis nach Glück nicht zu stillen. Daher redefiniert der Mensch die Wirklichkeit als locus amoenus im Nirgendwo und flüchtet sich in utopischen Ersatz, der in Arkadien seinen poetischen Namen findet. Die Wirklichkeit ändert sich dadurch freilich nicht, und so können die Träume jederzeit wieder verschwinden und versinken wie Klingsors Zaubergarten.[2] Um so stärker klammert sich der Mensch an Bilder der Erlösung und Zufriedenheit, die nicht mehr das Gefühl der Sehnsucht kennen, die doch immer nur Sehnsucht bleibt. In einem Vorgriff auf diese Erlösung befreit man sich auch schon einmal von der Mühe, darüber nachzudenken, was sie für den Menschen bedeutete. Man vermeidet so, sie als Schein zu entlarven, wiewohl man sich der Vergeblichkeit seines Sehnens durchaus bewußt ist. Wenn Torquato Tasso in Goethes Schauspiel fragt, wohin die goldne Zeit entflohen sei, setzt er ausdrücklich hinzu: »nach der sich jedes Herz vergebens sehnt«; und auf seine Frage erhält er von der Prinzessin die Antwort, diese Zeit sei »wohl vorbei« , und das nüchterne Geständnis:

Die goldne Zeit, womit der Dichter uns
Zu schmeicheln pflegt, die schöne Zeit, sie war,
So scheint es mir, so wenig, als sie ist;
Und war sie je, so war sie nur gewiß,
Wie sie uns immer wieder werden kann.

Ein Bedauern spricht sich in diesen Worten aus, das keinen Raum mehr läßt für einen möglichen Sinn dieser Vergeblichkeit.

Je komplexer die Welt wird und das in sie verstrickte Leben schwieriger, desto mehr sehnen wir uns nach übersichtlichen und durchschaubaren Verhältnissen. Die Einfachheit ist daher das Ideal komplizierter Menschen, ein Ideal, das in wirklich einfachen Verhältnissen gar nicht denkbar wäre und auf völliges Unverständnis bei denen stieße, die in solchen Verhältnissen gezwungen sind zu leben. Die Einfachheit soll ein arglos unbefangenes Leben ermöglichen, in dem man eins ist mit Gott und der Welt und dem kranken Nachbarn auch. Selbst mit der Natur, die in Wahrheit nicht harmonisch ist, lebt man dann in Einklang und Harmonie und kann die Hüllen fallen lassen. Dieses Ideal mit seiner bedenklichen Nähe zur Simplicitas und geistigen Einfalt hat schon immer zum Spott gereizt. Mit dem Satz: »...und dann legen wir uns in den Schatten und bitten Gott um Makkaroni, Melonen und Feigen, um musikalische Kehlen, klassische Leiber und eine commode Religion«, kann eben nur ein Lustspiel enden. Georg Büchner legt diese Worte dem Luftikus Valerio in den Mund und zeigt damit deutlich, was er von solchen Paradiesen hält. Und mit größter Ironie vermerkt zum Beispiel Hegel, die Einfachheit stelle den Menschen in seiner Unschuld vor, doch das bedeute nur, »von nichts wissen als von Essen und Trinken, und zwar von sehr einfachen Speisen und Getränken, zum Exempel von Ziegenmilch, Schafmilch und zur Not höchstens von Kuhmilch, von Kräutern, Wurzeln, Eicheln, Obst, Käse aus Milch – Brot, glaube ich, ist schon nicht mehr recht idyllisch.«[3] Das ist zwar die kritische Reaktion auf die empfindsame Dichtung, doch sie klingt auch heute noch zeitgemäß, weil die Idylle prinzipiell unzeitgemäß ist und sich so dem immerselben Tadel aussetzt. Höchstens müßte man anmerken, daß, was Hegel noch als dargestellte Einfachheit tadelt, heute gelebte Wirklichkeit geworden ist, wobei das Brot, das selbstgebackene, eine wesentliche Rolle spielt. Bliebe es freilich bei dieser Art heiterer Kritik, über der selbst die gerügte Unschuld schwebt, dann täuschte man sich leicht über die bedenklichen Implikate hinweg, die im idyllischen Arkadien mehr als im realen beschlossen sind. In der Einfachheit verzichtet man nämlich auch auf alle Ergebnisse eines entwickelten kulturellen Zustandes, weswegen Hegel die Tatsache, daß man in der Idylle »von allen tieferen allgemeinen Interessen des geistigen und sittlichen Lebens« (S. 390) absieht, als deren wesentlichen Mangel begreift. Das ist ein Vorwurf, den man der Idylle ganz allgemein macht, und so tadelt auch Friedrich Schiller, alle Darstellungen idyllischer Ideen schlössen mit den Nachteilen der Kultur »zugleich alle Vorteile derselben aus und befinden sich ihrem Wesen nach in einem notwendigen Streit mit derselben«[4]. Sie vermittelten daher »bloß das traurige Gefühl eines Verlustes, nicht das fröhliche der Hoffnung« (S. 581). Weniger gelehrt und rücksichtsvoll kann man auch sagen, solche Idylle spreche vor allem Kleinbürger, wenn nicht gar Spießer an, und sei vor allem da zu Hause, wo auch Gartenzwerge und Musikantenstadel beheimatet seien. Demgemäß stoßen diese Träume vom Glück auf die Verachtung und den Spott des Intellektuellen, der aber seinerseits doch auch ganz ähnlichen Träumen anhängt, wenn er etwa zum Urlaub in die ländliche Toscana fährt und dabei den Eindruck macht, er reise in ein zeitgemäßes Arkadien.

Niemand setzt sich aber gern dem Verdacht aus, er halte es mit der öden Parole von einer heilen Welt. Es trifft sich daher gut, daß man gerade mit der Heillosigkeit der Welt und der Unmöglichkeit, unter den gegebenen Bedingungen wirklich glücklich werden zu können, begründen kann, daß Arkadien als Gegenbild zur Wirklichkeit auch eine emanzipatorische Potenz habe, die den Menschen motivieren könne, die von ihm erträumten Zustände wirklich herzustellen. Diese Vorstellung, durch die die etwas nebulose

Vorstellung von Arkadien in eine reale Perspektive gerückt und ihre Realisierbarkeit gedacht wird, faßt Ernst Bloch im Begriff der konkreten Utopie. Mit diesem Begriff, der somit »ein umfunktioniertes Nachleben von Arkadischem«[5] darstellt, sollen bloße Wunschträume überwunden und realisiert werden, was Arkadien nur imaginiert. So hätte man statt des Spatzes auf dem Dach die Taube in der Hand. Es wäre allerdings erstaunlich, wenn dieser wärmende Gedanke eine Erfindung erst des 20. Jahrhunderts und niemand schon früher eingefallen wäre. Und in der Tat hat ihn schon Friedrich Schiller im klassischen Begriff des Elysiums als eines »Gefildes der Hinkunft« gedacht. Ganz ohne eigene Anstrengung kommt man aber in kein Paradies, also auch nicht ins Elysium, weswegen Schiller vom Menschen eine Mündigkeit fordert, die ihn, »der nun einmal nicht mehr nach Arkadien zurückkann, bis nach Elysium führt«[6]. Mit dieser Reise ins Elysium wird Arkadien auch für uns, die wir durchaus »Subjekte der Kultur« (S. 583) sind und bleiben wollen, vom bloßen Traum zum erfüllbaren Wunsch. Von der Hoffnung auf solche elysischen oder konkret-utopischen Gefilde beflügelt entstehen ringsum potemkinsche Dörfer aus säkularisierten Paradiesen, wobei sich Ernst Bloch den ausschweifendsten und überschwenglichsten Ideen hingibt, wenn er an die Vorstellungen des Joachim von Fiore erinnert, der den aufs Jenseits fixierten Blick des Menschen »auf eine irdische Zukunftszeit gerichtet und sein Ideal nicht im Himmel, sondern auf der Erde erwartet«[7] habe, und zustimmend schreibt, daß das Reich Christi von dieser Welt sei, »sobald diese Welt eine neue geworden« (S. 136) sei. Diese Erneuerung, glaubt Bloch, sei heute durch den Sozialismus wirklich möglich geworden; denn dieser wolle »den Himmel auf Erden« (S. 157). Abgesehen von dem ehrenwerten Irrtum über den Sozialismus scheint Ernst Bloch sich weder die Frage zu stellen, ob der irdisch verwirklichte Himmel nicht vielleicht die Hölle wäre, noch irgendeinen Zweifel daran zu haben, daß eine solche Erneuerung vielleicht gar nicht möglich sein kann.

Eine Erneuerung der Welt müßte aber ganz Erhebliches leisten; denn die Welt würde nur neu, wenn sie ganz anders würde, nicht aber dadurch, daß sich einzelnes veränderte und verbesserte oder sie sich als Ganzes in eine Art Schlaraffenland verwandelte; denn nicht auf Einzelnes oder Banales richtet sich das Bedürfnis nach Glück und Zufriedenheit, zumal partielle Erfüllungen von Wünschen und Momente von Glück doch häufig vorkommen, was die Betroffenen aber dennoch nicht zufrieden und glücklich macht. Die wahre Sehnsucht ist nicht so töricht, sich nur die Erfüllung bestimmter Wünsche zu erträumen und richtet sich nicht auf Gegebenes, wenn auch auf relativ besser Gegebenes. Wenn es solche beschränkte Vorstellungen eines glücklichen Lebens gibt, so nur deshalb, weil sie noch nicht durch die Erfahrung der Nichtigkeit solchen Glücks eines Besseren belehrt worden sind. Jede Erfüllung oder Verbesserung hat zwar ihren Sinn, und niemand sollen seine kleinen Glücke geneidet werden, doch das Problem, um das es hier geht, ist ein prinzipiell anderes. Hier handelt es sich um die Frage, ob es auch eine endgültige Erfüllung geben könne, die der in Arkadien bewahrten Idee völliger Zufriedenheit und Wunschlosigkeit gerecht wird. Alle Vorstellungen vom Glück müssen diese Forderung nach endgültiger Befriedigung aller Wünsche erheben, wenn sie nicht daran scheitern sollen, daß sich in das vermeintliche Glück doch wieder Unzufriedenheit einschleicht; denn dadurch würde es ausgehöhlt und als wirkliches Glück negiert.

Die Forderung nach vollständiger und endgültiger Erfüllung impliziert somit die Vorstellung der Stillung aller Wünsche, der Ruhe und Dauerhaftigkeit des Glücks. Hegel hat diesen »Zustand der Ruhe und Zufriedenheit«[8] als das wesentliche Merkmal idyllischer Ideale bezeichnet, aber zugleich höchst bissige Bemerkungen zu der Leere, Kahlheit und Langeweile gemacht, die gerade durch diesen immanenten Mangel an Entwicklung hervorgerufen werden. Man hat diesen Einwand jedoch nicht ernst genommen, sondern als bloße Kritik an einer literarischen Gattung verstanden und dadurch entschärft. So spukt der Glaube an die Möglichkeit eines dauerhaften Glücks immer noch ungebrochen in zahlreichen Köpfen. »Glück ist Stillung und Ankunft«[9], schreibt Ernst Bloch ohne Ironie und ohne jeden Zweifel. Selbst Adorno, der, gestützt auf seine philosophische Kompetenz, zwischendurch gern den Guru spielt, verbreitet solche Ansichten, auch wenn er sie ironisch-witzig formuliert: »Vielleicht wird die wahre Gesellschaft der Entfaltung überdrüssig und läßt aus Freiheit Möglichkeiten ungenützt, anstatt unter irrem Zwang auf fremde Sterne einzustürmen. (...) Genuß selber würde davon berührt, so wie sein gegenwärtiges Schema von der Betriebsamkeit, dem Planen, seinen Willen Haben, Unterjochen nicht getrennt werden kann. Rien faire comme une bête, auf dem Wasser liegen und friedlich in den Himmel schauen, 'sein, sonst nichts, ohne alle weitere Bestimmung und Erfüllung' könnte an Stelle von Prozeß, Tun, Erfüllen treten.«[10] Rechnet man die ironische Brechung dieser Sätze ab, so bleibt doch als eigentlicher Kern die Vorstellung eines Zustandes im Gegensatz zum gewöhnlichen und eben nicht befriedigenden Wechsel von mehr oder weniger glücklichen und unglücklichen Stimmungslagen. Adorno bezeichnet diesen Zustand als »erfüllte Utopie« und umschreibt ihn mit Kants Begriff vom ewigen Frieden; denn »keiner unter den abstrakten Begriffen kommt der erfüllten Utopie näher als der vom ewigen Frieden« (S. 177). Ob aber die Möglichkeit einer erfüllten Utopie nicht nur für die Vorstellung, die sich aus dem bestehenden Mangel nährt, sondern auch für die Wirklichkeit gelten kann, das ist allererst zu untersuchen. Wir können uns einen solchen Zustand zwar wohl denken, ob wir ihn auch ertragen könnten, ist eine ganz andere Frage.

Man denke sich also ein völlig befriedigtes Dasein in einer Welt ohne Spannungen und Widersprüche. Jeder Mangel wäre beseitigt, es gäbe keine Not, keinen Schmerz und keine Trauer mehr, nicht mehr die Erfahrung der Vergeblichkeit, des Versagens und des Verlustes. Elend, Einsamkeit und Frustrationen wären Elemente aus einer längst versunkenen Welt. »Auf den ersten Blick«, schreibt dazu Hegel, »hat ein solcher Zustand allerdings einen idealen Anstrich.«[11] Dringe man aber tiefer ein, »so wird uns ein solches Leben bald langweilen« (S. 336); denn es wäre nicht nur ohne Mängel, sondern gerade deshalb auch ohne Reize und Anreize. Zerstört wäre jede Möglichkeit für Träume, Sehnsüchte, Hoffnungen und Erwartungen. Alle schweifenden Empfindungen, die noch nicht enthüllen, was einmal aus ihnen werden kann, aber auch die tiefe Melancholie, die alles andere beweist als Erfüllung und die dennoch so etwas wie Glück bedeutet, wären erstorben und mit ihnen alle Formen, in denen sie der Mensch ausspricht. Es gäbe keine Freude mehr über Gelungenes oder Erreichtes; denn alles wäre erreicht und gelungen, und eine weitere Erfüllung könnte es nicht geben. Kant hat daran erinnert, die Vorstellung sei gewiß falsch, »daß, wenn Adam und Eva nur im Paradies geblieben wären, sie da nichts würden gethan, als zusammengesessen, arkadische Lieder gesungen und die Schönheit der Natur betrachtet haben. Die Langeweile würde sie gewiß eben so gut als andere Menschen in einer ähnlichen Lage gemartert haben.«[12] Selbst die bloße Vorstellung glücklicher Zustände ruft eine gewisse Öde hervor, und ihre Schilderung hat immer eine komische oder peinliche Wirkung. Deshalb bleibt Dantes Paradies so blaß und unbefriedigend, während sich seine Schilderung des Infernos ganz interessant liest. Auch haben die Maler durch alle Jahrhunderte die Hölle mit großer Phantasie auszumalen gewußt, doch die himmlischen Freuden gerieten ihnen immer etwas einfältig. Wenn uns auch die gemalte Hölle schreckt, so entzückt uns der künstlerische Himmel noch lange nicht.

Kant hat diese Erfahrung, daß anhaltendes Glück nichts als Langeweile erzeugt, damit erklärt, daß jede Lust schließlich in Unlust umschlage. Erst aus dieser könne dann wieder ein Vergnügen durch die Stillung eines Bedürfnisses entstehen. Die bloß psychische Empfindung der Langeweile verweist so auf eine Grundbedingung menschlicher Existenz: Jede Befriedigung setzt den Wechsel von Lust und Unlust voraus und ist notwendigerweise mit beiden verbunden. Das Leben ist deshalb für Kant »ein continuirliches Spiel des Antagonismus von beiden«[13], und er schließt daraus, daß vor jedem Vergnügen der Schmerz vorhergehen müsse, und daß der Schmerz immer das erste sei. Deshalb könne auch kein Vergnügen unmittelbar auf das andere folgen, »sondern zwischen einem und dem anderen muß sich der Schmerz einfinden« (S. 231). Der Schmerz ist daher für Kant nicht nur ein Übel, sondern »der Stachel der Thätigkeit, und in dieser fühlen wir allererst unser Leben« (S. 231). Die Erfahrung des Mangels, der Unlust und der Unruhe ist die notwendige Voraussetzung für eine menschliche Befriedigung, und deshalb ist der Mensch zum fortwährenden Handeln, zur Beschäftigung und zur Entwicklung seiner Fähigkeiten gezwungen, auch wenn das in Betriebsamkeit und technologischen Wahn abgleiten kann. Wenn es aber eine Befriedigung geben soll, dann liegt sie in der nicht schon von vornherein enttäuschten Erwartung, daß es Befriedigungen auch weiterhin geben wird; denn eine bestehende wird nicht dauern und hat damit schon den Charakter wirklicher Befriedigung verloren. »Sein Leben fühlen«, sagt daher Kant, »sich vergnügen, ist also nichts anderes als: sich continuirlich getrieben fühlen, aus dem gegenwärtigen Zustande herauszugehen« (S. 233), und daraus folgert er, daß Zufriedenheit »dem Menschen unerreichbar« (S. 234) sei. Immer wieder aufs neue muß sich der Mensch mit sich und mit der sich verändernden Welt auseinandersetzen, und dieser Prozeß, der Unzufriedenheiten aus sich selbst erzeugt, kann im Leben niemals enden; denn die Zeit zersetzt die Dauer und damit auch jede Utopie, die nach Dauer strebt.

Deshalb kann es für den Menschen keinen Zustand dauerhafter und ungestörter Harmonie weder mit sich noch mit den anderen oder mit der Welt insgesamt geben. In allgemeiner Harmonie, »in einem arkadischen Schäferleben bei vollkommener Eintracht, Genügsamkeit und Wechselliebe«[14] können die Menschen ihr Glück nicht finden. »Gutartig wie die Schafe, die sie weiden«, spottet Kant, hätten sie kein höheres Lebensglück als diese, und er dankt »der Natur für die Unvertragsamkeit, für die mißgünstig wetteifernde Eitelkeit, für die nicht zu befriedigende Begierde zum Haben oder auch zum Herrschen« (S. 21). Erstaunlich ist an diesem Satz freilich, wie souverän der Moralist die Laster lobt und sich seinen gesunden Schlaf nicht dadurch rauben läßt, daß er über die weiteren Folgen von Hab- und Herrschsucht nachdenkt. Aber er hätte die Laster gar nicht rühmen müssen; denn das Leben entwickelt sich nicht dadurch weiter, daß die Menschen unverträglich und hab- und herrschsüchtig sind, sondern dadurch, daß sie sich miteinander auseinandersetzen. Das Auseinandersetzen steht natürlich im Gegensatz zu jeder Harmonie und vorgängigen Einigkeit, und die Habgier und das Machtstreben sind gewiß Formen der Auseinandersetzung, doch sie sind weder die einzigen, noch die für den Zweck menschlicher Entwicklung sinnvollen. Sie stören diese eher; denn ihr wahrer Zweck ist nicht die Beförderung von Auseinandersetzungen, sondern deren Hinderung. Diese Absicht findet ihren Ausdruck in den planvoll als Tugenden gepriesenen Zuständen und Verhaltensweisen der Ruhe und Ordnung, der Einigkeit und Anpassung. Erstarrung, nicht Bewegung ist ihr Ziel. Das Leben aber ist Tätigkeit, und ohne diese würde es im Tod erstarren.

Das Verlangen nach Ruhe und ungeschmälerter Lust ist daher nur die uneingestandene und verdrängte Sehnsucht nach dem Tod. Ihre tödliche Komponente, die in der Alltagsrede selten mitbedacht wird, enthüllt die Ruhe freilich erst als Ewige Ruhe. Das ist auch der ursprüngliche Sinn des »Et in Arcadia ego«, das in wörtlicher Übersetzung heißt: »Selbst in Arkadien bin ich.« Gemeint ist damit aber der Tod, und diese Bedeutung haben Giovanni Francesco Guercino und Giovanni Battista Cipriani in ihren Bildern von Arkadien mit Grab und Totenschädel dargestellt, ehe sie durch Nicolas Poussin in das bekannte, schon als Übersetzung fehlerhafte »Auch ich war in Arkadien« verfälscht wurde. Aber der Tod ist nicht eigentlich *auch* in Arkadien, sondern vielmehr *gerade dort.* Der »arkadische Trost«, sagt daher mit Recht Bruno Snell »ist eine Flucht aus dem Leben«[15]. Auch Hegel sah, wenn auch in anderem Zusammenhang und ohne sich auf Arkadien zu beziehen, die enge Verflechtung von Ruhe und Tod, wenn er feststellt: »Der Mensch stirbt auch aus Gewohnheit«[16], dann nämlich, wenn er sich »ganz im Leben eingewohnt hat, geistig und physisch stumpf geworden und der Gegensatz von subjektivem Bewußtsein und geistiger Tätigkeit verschwunden ist« (S. 302). Nur »insofern er etwas nicht erreicht hat« (S. 302), sei der Mensch tätig. Sei der Mangel behoben, »verschwindet die Tätigkeit und Lebendigkeit, und die Interesselosigkeit, die alsdann eintritt, ist geistiger oder physischer Tod« (S. 302).

Wird kein Mangel mehr empfunden, gestaltet sich das Leben in Frohsinn und als bloßer Zeitvertreib; denn was sollte man auch sonst noch treiben, außer sich die Zeit vertreiben, wenn man keine

Notwendigkeit mehr sieht, am Leben und der Welt noch etwas zu verändern? Dieses Treiben offenbart sich in seiner schrecklichen Banalität erst dann, wenn man es mit dem, was angesichts der bestehenden Zustände getan werden könnte, vergleicht, und wegen dieser Diskrepanz trägt die Selbstzufriedenheit und das Wohlbefinden, das sich in einem bestimmten Zustand einzurichten versteht und keine Probleme mehr kennt, ein so häßliches Gesicht. Sich mit den gegebenen Verhältnissen bedenkenlos abfinden zu können und keine noch unerfüllten Hoffnungen mehr zu haben, erfordert eine ausgeprägte Fähigkeit zur selektiven Betrachtung der Welt oder verlangt eine erhebliche geistige und moralische Beschränktheit; denn alles Genügen setzt »einen Mangel der Entwicklung des Geistes voraus.«[17] Deshalb muß auch Bloch das Glück, das nach seinen eigenen Worten Ankunft und Stillstand bedeuten soll, unter eine Bedingung stellen, damit es Glück überhaupt zu sein vermag. Zufrieden in den Pantoffeln des Gemüts zu Hause sitzen kann man nämlich nur, »wenn der Anspruch kindlich ist«[18], wenn man bescheidene Ansprüche hat und nicht weiter nachfragt. Einen Himmel gibt es nur als »ein wenig Himmel zu herabgesetztem Preis, zu jenem nämlich, den Kinder, Clowns, einfache Naturen erstehen können« (S. 427). Doch der entwickelte Mensch kann sich mit kindlichen Ansprüchen nicht zufrieden geben und deren Erfüllung bedeutet ihm nichts. Ein Schaubudenhimmel und ein Jahrmarktsglück illustrieren nur mit schlichten Bildern die Sehnsucht, erfüllen sie aber nicht. Doch selbst ein bescheidenes Glück ist nicht beständig, und auch ein Kinderhimmel hängt nicht voller Geigen; denn er braucht »Clowns, lustige Personen aus Nirgendwo, um einer zu sein: selbst ein Arkadien im Kitsch schmachtet weiter nach Utopien« (S. 427).

Ich geb' es dir nicht

Erlösung und Erfüllung sind die Inhalte des Traumes von Arkadien. Doch sie sind nicht nur Illusionen, sie sind das Gegenteil vom Glück; denn ihre Konsequenz wäre der Tod im Leben. Unglücklichsein kann dauern und ein Zustand sein, doch Glücklichsein nicht. Jede Vorstellung vom dauerhaften Glück ist ein bloßes Gedankenspiel, bei dem man immer einen anderen Menschen voraussetzt als den, den wir kennen und der wir sind. Natürlich kann man sich einen Menschen denken, der auf Dauer glücklich wäre, aber genausogut kann man sich ein Raubtier denken, das mit Gras und Kräutern sein behagliches Auskommen fände. Ein Gedanke jedoch, der nicht müßig bleiben soll, kann in seinen Begriffen nicht die Erfahrungen negieren. Und eine dieser Erfahrungen ist, daß in jeder Erfüllung etwas bleibt, was durch sie nicht abgegolten wird. Für Ernst Bloch ist diese zunächst schmerzliche Wahrheit die Voraussetzung für wirkliche oder »echte« Zukunft, wie er sie nennt. Unechte Zukunft tritt uns in allem entgegen, was im bekannten Rahmen bleibt, was sich wiederholt und wiederkehrt, der Kreislauf der Tage und Jahreszeiten, die alten Gewohnheiten und die vertrauten Gesichter. »In echter Zukunft liegt dagegen alles Neue kraft Veränderung, als das noch nicht Erschienene, freilich Erscheinungsmögliche, das heißt in der Tendenz Angelegte.«[19] Solche Zukunft enthält immer ein »Element der Überraschung« (S. 90), bringt an unbekannte Ufer und entdeckt, was man nicht suchte. Sie erfüllt sich nicht in der Gegenwart und erschöpft sich nicht in dem, was sich erfüllt und Gegenwart wird. Immer bleibt ein niemals abgegoltener Rest, und so erneuert sich fortwährend die Unzufriedenheit des Menschen und sein diffuses Unbehagen an der Welt und an sich selbst. Verzweifelnd an der Möglichkeit eines dauerhaften Glücks und dennoch auf sie als dessen einzig angemessene Realisierung fixiert, wirft mancher schließlich jeden Glauben an den Sinn einer Änderung bestehender Zustände weg und verlegt, was sich als Bedürfnis danach nicht unterdrücken läßt, in eine jenseitige Welt. Dies ist ein Zeichen völliger Hoffnungslosigkeit, auch wenn sich solches Treiben gern mit dem Titel der Hoffnung schmückt. Doch die erfüllt sich nur noch für die Toten, und das ist der schwere Schatten, der über solchen Ideen liegt. Die unseligen Verhältnisse, die den Gedanken an Arkadien überhaupt erst hervorgerufen haben, finden sich in diesen Vorstellungen wieder, und anstatt daß sie diese überwinden, affirmieren sie sie. Hesiod hatte keine Skrupel bei dem Gedanken, daß auf den Inseln der Seligen nicht alle, sondern nur ausgewählte Heroen ein ungetrübtes Glück genießen würden, während die gewöhnlichen

Proleten mit dem Hades zufrieden sein müßten. Auch in unserem Himmel leben die besseren Herren und Damen vom christlichen Lebenswandel in Exklusivität und genießen ihre Seligkeit wie im wirklichen Leben im Bewußtsein des Elends der Verdammten, ohne daß dies ihre Seligkeit hinderte oder auch nur minderte, oder denen, die solches glauben, wenigstens hier auf Erden ein schlechtes Gewissen verschaffte. Diese Erbarmungslosigkeit negiert, was sie als fern heraufdämmernde Hoffnung ersehnt.

Wenn sich das Glück aber nicht im Erfülltsein findet, dann ist Nichterfüllung seine wesentlichste Bedingung. In allen Formen solchen Nichterfülltseins, in der Suche nach unbekannten Küsten, im Entwickeln noch nicht erschienener Möglichkeiten scheint auf, was allein Glück sein kann, nämlich: noch nicht angekommen zu sein, sondern unterwegs zu sein; nicht in der Fülle zu leben, sondern im Mangel und dadurch Zukunft überhaupt zu haben. Leben bedeutet daher »die unermüdliche Müh' und Möglichkeit, den eigenen Traum einzuholen. Der Traum bleibt uns freilich grenzenlos voraus, solange wir auch unterwegs sind.«[20] Die Sehnsucht nach Ankunft ist so der Antrieb der Bewegung, und dadurch, daß man sich jener nähern will, verwirklicht sich diese. Die zunehmende Dynamik der Entwicklung verstärkt wiederum die Sehnsucht, aus der sich die Dynamik nährt. Ein Sturm treibt Angelus Novus, Benjamins Engel der Geschichte, unaufhaltsam in die Zukunft. Zufriedenheit ist nicht nur nicht erreichbar, wie Kant sich eingestand, ihr Mangel ist vielmehr die Voraussetzung des Glücks, das immer schon da ist als Unzufriedenheit mit den Verhältnissen, als Sehnsucht nach Veränderung und Erwartung eines Neuen. Das Schaffen und Umschaffen der Lebensbedingungen, der Aufbruch zu noch nicht Gedachtem und Erprobtem sind daher die eigentliche Realisation des Glücks. Das darf man freilich nicht technologisch mißverstehen als bloße Betriebsamkeit, die vom Planen, Durchsetzen und Beherrschen bestimmt ist, »als blinde Wut des Machens«[21] und »Steigerung der Produktion« (S. 176); denn diese Art des Fortschritts garantiert nicht das Glück, das sich nicht ans Fortschreiben des Bekannten, sondern auf etwas Neues bezieht. Wer den Fortschritt weiterbetreiben will wie bisher, verhindert nur das von ihm erwartete Glück. Gegen diesen Versuch, die

Zukunft abzuschneiden, indem man sie angeblich gestaltet, bewahrt Arkadien im Bild vom anderen als dem besseren Leben auch die Idee, es damit immer wieder zu versuchen. Doch die Erwartung, daß sich das Glück mit Zufriedenheit vermählt, erträumt ein Paradies, das den Anspruch auf ein besseres Leben dem als Ideal vorgestellten Schrecken opfert. Das »Rien faire comme une bête« (S. 177), das für Adorno das Gegenbild zur Dynamik bürgerlicher Gesellschaft darstellt, versagt, wenn man es realisiert; denn Arkadien ist nur deshalb ein schöner Traum, weil er sich nicht erfüllen kann; ohne diese Hoffnungslosigkeit wäre es ein Alptraum. Mit der Befriedigung aller Wünsche erlösche nicht nur das Bedürfnis, nach einer Zukunft aufzubrechen, es gäbe noch nicht einmal mehr eine Zukunft, und die Zeit hätte sich zum zweiten Mal und diesmal endgültig erfüllt. Dieses Glück erzeugte nichts als grenzenlose Unzufriedenheit und die dann arkadische Idee vom Glück als Tun. Solche Vorstellungen hängen falschen Prophetien nach, die im Ziel den Weg negieren, den der Mensch gehen muß, um sie zu erlangen; denn bei allem Handeln übt er sich in einem Glück des Versuchens und des nicht garantierten Gelingens, das im schon Erreichten keine Chance seiner Verwirklichung mehr hat.

Zwar hat die Utopie gegen bloß arkadische Bilder darin recht, daß Träume allein den Menschen nicht befriedigen, doch gegen allzu hochgespannte Erwartungen an die Utopie ist an die in der Idee von Arkadien bewahrte Unmöglichkeit zu erinnern, das Glück als einmal erfüllbar zu denken. Doch Skylla und Charybdis sitzen nah am schmalen Weg, und an beiden kann man scheitern. Die bloße Vorstellung von Arkadien ändert nichts und verbessert nicht das Leben; darum muß man sich schon selbst bemühen. Doch auch die Verwirklichung utopischer Ideen macht den Menschen nicht glücklich; denn jede Utopie wird einmal als verwirklichte schal und abgestanden und befriedigt dann nicht mehr. Statt dessen drängt sich anderes als Quelle von Unbehagen auf und schmälert das schon nicht mehr selbstverständlich bestehende Glück noch weiter. Zwar kann man leicht von der endgültigen Installierung des Glückes schwärmen und alle des Pessimismus anklagen, die nicht miteinstimmen ins allgemeine Halleluja und ihre Erwartungen nicht von ihren Erfahrungen und Überlegungen lösen wollen, doch der Sinn für die Wirklichkeit hat nichts mit Pessimismus zu tun, und es ist auch nicht die Aufgabe des Denkens, die Wirklichkeit zum Verschwinden zu bringen, sondern sie zu begreifen.

Nicht zum Träumen oder Trösten dient die Philosophie, auch wenn sie häufig dazu mißbraucht wird, worauf schon populäre Titel deuten wie »Der Trost der Philosophie« von Boethius. Selbst von ihren besten Vertretern, klagt einmal Nietzsche, »wird ihre stillende und tröstende Macht so stark hervorgehoben, daß die Ruhesüchtigen und Trägen meinen müssen, sie suchten dasselbe, was die Philosophie sucht.«[22] Doch durch eine selbsterzeugte und schließlich selbstgeglaubte Lüge setzt man sich nicht in Stand, auf die Welt frei reagieren zu können. Für Nietzsche scheint es daher »die wichtigste Frage aller Philosophie zu sein, wie weit die Dinge eine unabänderliche Artung und Gestalt haben: um dann, wenn diese Frage beantwortet ist, mit der rücksichtslosesten Tapferkeit auf die Verbesserung der als veränderlich erkannten Seite der Welt loszugehen« (S. 379). Bei diesem Unterschied, der in der traditionellen Sprache theoretisches und praktisches Verhalten des Menschen heißt, kommt das Streben nach Glück als »unabänderliche Artung« des Menschen auf die Seite der Theorie. Die Vorstellung, dieses Streben könnte an sein Ende kommen, bedeutete demnach auch die Vorstellung vom Ende des Glücks, das der Mensch überhaupt zu erfahren vermag. Mit dieser Einsicht wird zwar jeder Traum von Arkadien und jede Utopie mit arkadischen Erwartungen zerstört, doch eben dadurch wird die Vorbedingung wirklichen Glücks aufrechterhalten, nämlich die ewige Unzufriedenheit mit dem, was ist und wie es ist. Und so besteht die einzige wirklich arkadische Hoffnung in der Gewißheit, daß niemand je in Arkadien sein wird.

VI.

Oknos
Kein Bedürfnis nach Erlösung

Wir haben ein Bedürfnis nach Erlösung, und wir haben es so selbstverständlich, daß es für uns schon widersinnig ist, anzunehmen, jemand habe dieses Bedürfnis nicht und könnte damit dennoch leben, womöglich ohne einen Mangel zu empfinden und vielleicht sogar glücklich. Selbst die Philosophie als die kritische Instanz macht dieses Bedürfnis weniger zum Gegenstand ihres skeptischen Interesses als zum Objekt der Begründung, meist in säkularisierter Form wie bei Schopenhauer, manchmal in offen religiöser wie bei Schelling, der in seiner »Philosophie der Offenbarung« versichert, der Gedanke an Erlösung mache ihm überhaupt »keine Schwierigkeit«. Dieses Bedürfnis nach Erlösung nährt sich daraus, daß das Leben, wie es einmal ist, im ganzen und in einzelnen Zügen, nicht befriedigen kann. Zuviel ist, was nicht sein sollte: Schuld und Schmerz, Verlust, Enttäuschung und Versagen, Vergessen und Vergeblichkeit. Das Leben ist mit Schatten so durchwoben, daß Petronius, der alte Spötter, schon die Wahrheit trifft, wenn er, ironisch zwar, doch durchaus ernst, erklärt, mache man genau Bilanz, sei überall nur Schiffbruch zu vermelden. Die kleinen Glücke, die man unterwegs so sammeln kann, sie reichen nicht zum Trost und schon gar nicht für größere Aufschwünge. Man bedarf berauschenderer Mittel, um sich das Leben erträglich zu machen, und die Aussicht auf Erlösung von den Übeln ist der Zaubertrank, der diese Wirkung am vollkommensten verspricht. Deshalb sind wir so erlösungssüchtig, so süchtig nach den süßen Weinen irgendeines Paradieses. Vielfältigen Ausdruck schuf sich dieses Bedürfnis in allen Lebensbereichen. Nicht nur die häuslichen Träume vom Wohlbehagen und vom Glück, auch politische Ideologien und revolutionäre Bewegungen leben davon; sublimer, verführerischer, stimulierender erscheint es in der Kunst, zumal der Musik; am reinsten aber, doch zugleich mit der ihr immanenten Vertröstung auf eine jenseitige Welt am hoffnungslosesten in der Religion. Priester und Theologen haben mit der These von der Sünde die Lehre von der Erlösung auf die wahre Höhe gebracht, sie sind deren eigentliche Repräsentanten. Wie das Pack, das sich schlägt und verträgt, kommen sie, die sich sonst mit dem Anspruch auf den rechten Weg bitter bekämpfen, in diesem einen Punkt zum selben Schluß. Die scheinbar heilende Kraft der Erlösung nutzen aber auch Mediziner, Psychologen und Scharlatane jeder Art für ihre Geschäfte. Je stärker dabei die Spannung zwischen Hoffnung und Enttäuschung ist, und je näher die Verzweiflung liegt, die um so näher liegt, je sensibler einer ist, desto besser laufen diese Geschäfte, denn desto leichter läßt sich dieses Bedürfnis manipulieren und von partikularen Interessen entstellen und mißbrauchen. Jedes Dorfgenie im Dickicht der Verführbarkeit findet hier seine unbegrenzten Möglichkeiten.

Doch der Gedanke an Erlösung ist selber infiziert von dem, was er in der Idee schon überwunden hat; denn er bildet sich sein Ideal an dem, was er hinter sich zu lassen gedenkt. Wer erlöst werden will, zieht sich aus der Wirklichkeit zurück, tilgt ganze Provinzen aus dem Reich der Realität, wählt aus, was ihm gefällt, wehrt ab, was seinem Ideal entgegensteht, und verarmt das Leben, indem er es reduziert. Alle Visionen von einem neuen Menschen, von neuem Denken und neuen Welten enden daher in der Negation, im Chaos und im Terror, wenn sie ihren Widerspruch zur Praxis im praktischen Versuch bewähren wollen; denn sie sind nur Wirkungen der schlechten Wirklichkeit und spiegeln daher wieder, was sie überwinden wollen. Der sehnsüchtige Wunsch nach Erlösung verstärkt die Hilflosigkeit gegenüber dem schlecht Bestehenden, das der Erlösung am dringendsten bedürfte, macht fühlbarer, wo man welche Erleichterung nötig hätte. Er löst die Verheißungen jedoch niemals ein, und darin liegt seine zweckdienliche Verlogenheit; denn so wird er unentbehrlich wie eine Diät, die nicht nur bekömmlich, sondern nötig ist, wenn auch nur für Kranke. Das cave canem, das dem Körper gilt, ist deshalb durch ein cave redemptionem für den Geist zu ergänzen. Nur wenn man sich an diese Prophylaxe hält, kann man schließlich eine andre Art Erfahrung machen, als man sie sich gewöhnlich gönnt; vernünftiger, weil umfassender, da sie nicht so viel verleugnen und verleumden muß. Vielleicht erhält dann auch der lange unterdrückte Gedanke Flügel, ob nicht allein dadurch, daß man an die Welt, wie sie ist, sich hält, ohne sie voreilig auf das vermutete Positive zu reduzieren, ein menschenwürdiges Leben möglich wird. Viele Belege für eine Einsicht in diese Zusammenhänge gibt es nicht; um so nötiger ist es, die wenigen ernst zu nehmen oder überhaupt erst zu entdecken.

Die griechische Mythologie kennt eine einsame und wenig auffallende Gestalt, die nie die Popularität der Götter und Dämonen, der Helden und Heroen oder anderer bemerkenswerter Figuren aus dem Panoptikum der griechischen Mythen erreichte oder hätte erreichen können. Dieser sonderbare Heilige aus der Antike heißt Oknos und ist ein rarer Fall; denn in ihm ist die Abwesenheit, die Nichtnotwendigkeit jeden Erlösungsgedankens anschaulich geworden. Zunächst scheint Oknos freilich nicht an die Überflüssigkeit von Erlösung zu erinnern, sondern eher daran, daß sie ihm fehle; denn man sieht ihn im Hades sitzen und fortwährend ein Seil flechten, das ihm ein Esel aber stets wieder auffrißt. Diese sinnlose Tätigkeit scheint doch mehr den Schluß nahezulegen, den eine moderne Erklärung wirklich zieht, in Oknos habe »das Motiv der hoffnungslos vergeblichen Arbeit«[1] Gestalt angenommen. Zwar hat noch niemand erklärt, weshalb dieses banale Motiv gleich in einer mythischen Figur gestaltet werden müsse, doch kommen moderne Interpretationen über solche oder ähnliche Erklärungen nicht hinaus. Sie verstärken damit den Eindruck, den man schon aus dem weitgehenden Vergessen von Oknos gewinnt, daß man nämlich heute wenig mit dieser mythischen Randfigur anfangen kann. Aber auch der antike Mythos läßt uns bei dem Versuch einer Erklärung im Stich; denn es gibt ihn nicht. Was wir an literarischen Zeugnissen aus der Antike über Oknos besitzen, sind bloße Beschreibungen von Bildern, Interpretationen von Gemälden, und späte noch dazu. Es gibt aber keinen Hinweis darauf, daß diesen Bildern auch eine mythische Geschichte zugrunde gelegen hätte.

Die ausführlichste Beschreibung und Erklärung eines solchen Gemäldes stammt von Pausanias, dem Reiseschriftsteller des 2. Jahrhunderts n. Chr. Er schildert das große Bild, das Polygnotos im 5. vorchristlichen Jahrhundert in Delphi auf die Wand der Lesche der Knidier gemalt hat, und das unter vielen anderen Gestalten auch solche des Hades und darunter Oknos zeigte. Pausanias schreibt dazu: Neben anderen Figuren »sitzt da ein Mann, und die Beischrift besagt, der Mann sei Oknos. Er ist ein Seil flechtend dargestellt, und eine Eselin steht dabei und frißt das gerade geflochtene Stück des Seils. Dieser Oknos, sagt man, sei ein fleißiger Mann gewesen und habe eine verschwenderische Frau gehabt; und was er auch durch seine Arbeit erworben habe, wurde nicht viel später von ihr wieder aufgebraucht. Damit habe also Polygnot auf die Frau des Oknos anspielen wollen, meinen sie. Ich weiß, daß auch von den Joniern, wenn sie jemand an nichts Nutzbringendem sich mühen sehen, gesagt wird, dieser Mann verfertige die Schnur des Oknos.«[2] Diese Deutung der Geschichte befriedigt allerdings so wenig wie die aus neuerer Zeit; denn sie läßt die entscheidende Frage offen, weswegen Oknos sein zeitliches Elend in der Welt im Hades mit dem gleichen Elend ohne Ende büßt. Das einzige Epitheton, das ihm zugesprochen wird, daß er nämlich ein fleißiger Mann gewesen sei, ist eher eine Tugend als ein Laster, gewiß aber kein Vergehen, das zu strafen wäre. Pausanias hat offenbar selbst Zweifel daran, daß diese Geschichte mit der Frau die schlüssige Erklärung für das Bild liefere, weshalb er zweimal ausdrücklich darauf hinweist, daß man ihm die Geschichte so erzählt habe; denn mit dem »Sagt man« und dem »Meinen sie« spielt er auf die Erläuterungen der delphischen Fremdenführer an, die damals auch nicht besser waren als ihre heutigen Kollegen und die den Touristen lieber interessante Geschichten erzählen, als sie mit kulturhistorischen Abhandlungen langweilen wollten.

Es gibt noch andere Deutungen, aber ebenfalls aus späterer Zeit, die das Rätsel um die Schuld des Oknos zu erklären versuchen. Sie sind römischen Ursprungs und schließen sich unmittelbar an den Namen »Oknos« an, der so viel wie Zögern, Zaudern oder Saumseligkeit bedeutet. Hier soll nomen wirklich omen sein; denn mit Oknos' Namen ist seine Schuld auch schon benannt. Unter diesem moralisierenden Aspekt vergleicht zum Beispiel Propertius den, der die Idee hatte, Militärlager durch Verschanzungen zu schützen, mit Oknos. Der verdiene nämlich dessen Strafe, weil der Krieger seither feig und träge hinter Wall und Graben liege, während doch kühner und rastloser Unternehmungsgeist seine höchste Auszeichnung sei. Auch Plinius erwähnt ein Gemälde, auf dem ein Saumseliger namens Ocnus ein Seil drehe, das ihm ein Esel annage. Mit diesem Hinweis auf das moralische Fehlverhalten der Trägheit und seine Bestrafung schien eine sinnvolle Interpretation für Oknos gefunden zu sein. Er wirkte nun wie eine Parallele zu Tantalos und den Danaïden und fügte sich gedanklich so problemlos in die Reihe der anderen Unterweltbüßer ein, wie er es schon bildlich im Gemälde des Polygnotos tat. Wilamowitz bringt die Schuld des Oknos später auf die Höhe entwickelter bürgerlicher Moral, wenn er dekretiert, Oknos' Strafe treffe »eine moralische Schwäche, den Mangel an Mut, die Scheu, sich zu dem, was er als Pflicht empfindet, zu entschließen«[3]. Mit dieser phantasievollen Erklärung kann sich freilich nur zufrieden geben, wer nicht nachfragt, worin denn das Saumselige des Oknos und seine angebliche Pflicht liegen solle; denn für beides finden sich bei der Oknosdarstellung keine Hinweise. Doch mit dem Verweis auf die bürgerlichen Tugenden spielen die Begriffe von Schuld und Strafe, von Buße und (hier allerdings ausbleibender) Erlösung für Oknos eine ebenso wichtige Rolle wie für die anderen Hadesgestalten. Ausschlaggebend sind sie aber für das Bild im Columbarium der Villa Pamphilia. Dort ist ein alter Mann gemalt, der vor einem Gehöft auf einem Steinblock sitzt und sich sichtlich ausruht, während sein Esel mit dem Seil spielt, das der Mann in der Hand hält. Diese friedliche Szene im Schatten großer Bäume zeigt den *erlösten* Oknos, dessen Strafe beendet und dessen Schuld gesühnt ist. Hier wird die Beziehung zum Erlösungsgedanken eindeutig, wenn auch affirmativ, hergestellt.

All diese Erklärungen wirken nicht überzeugend, weshalb Johann Jakob Bachofen in seiner umfangreichen Untersuchung über Oknos versucht, »der ursprünglichen Bedeutung des Bildes vom seilflechtenden Oknus nachzuforschen«[4]; denn diese sei durch »Mißverständnis und Willkürlichkeit der Auslegung« (S. 20) längst verloren gegangen. Sie will Bachofen wiedergewinnen, indem er mit großem Aufwand, doch auf unsicheren Wegen, auf »die ägyptische Herkunft der Oknusdarstellung« (S. 55) verweist. Er gelangt dabei, auf seine Weise zwar, aber in diesem einen Punkt doch einleuchtend, zu dem Schluß: »Abgeleitet und ganz sekundär ist der Gedanke an Pigritia, Saumseligkeit und Trägheit. Nicht weniger sekundär die Auslegung der Jonier, der Gedanke an einen fleißigen Ehemann, eine verschwenderische Hausfrau, an eine Arbeit ohne Nutzen und Ertrag; ebensowenig ursprünglich ist die Idee der Strafe und Buße und jene entgegengesetzte der Erlösung und Befreiung, wie sie in der Darstellung des Pamfilischen Bildes hervortritt« (S. 23) – und die bezeichnenderweise römisch ist. Die ursprüngliche Bedeutung glaubt Bachofen hingegen in der Darstellung jenes Naturgesetzes finden zu dürfen, »das Bewegung und ewiges Vergehen zum Prinzip der sichtbaren Schöpfung erhebt, und Festigkeit, Ruhe und ewige Dauer dem Tode allein zuerkennt« (S. 86). Erst später sei dann der andere Gedanke von Buße und Strafe hinzugetreten, und schließlich sei im pamphilischen Bild aus dem büßenden Oknos der befreite geworden: »Wo der Gedanke der Strafe und ewigen Pein herrschte, tritt Ruhe und ein ebenso ewiger Friede hervor« (S. 108). Ausdruck der Erlösung und »Sinnbild der höchsten Stufe des menschlichen Daseins« (S. 109) sei somit »die letzte Gestalt, welche das Natursymbol des seilflechtenden Greises angenommen« (S. 109) habe. Wenn Bachofen diese späten Deutungen des Oknos-Motivs zu Recht als »Mißverständnisse der Auslegung« bezeichnet, dann muß man allerdings auch die Willkür rügen, mit der er zu dem Schluß kommt, daß darin der Gegensatz von Werden und Vergehen der Schöpfung (ein Ausdruck, der für den griechischen Mythos sowieso ganz unangemessen ist) und Dauer des Todes dargestellt sei; denn kein einziges Bildmotiv gibt einen Hinweis, der eine solche platonische Deutung rechtfertigen würde.

Die Frage, was das Bild des Oknos denn nun wirklich bedeute, ist damit auch weiterhin ungeklärt. Aber das ist für uns eigentlich auch nicht weiter schlimm; denn weder die Suche nach den Quellen dieses Motivs noch die späte Auslegung durch Erlösungssüchte befriedigen ein wirkliches Interesse an diesem Bild. Eine bloß historische Untersuchung mythischer Stoffe vergegenwärtigt im besten Fall das Gewesene für Gewesene und behandelt den Mythos als den toten Stoff, der er damals nicht war. Im schlechteren Fall wird die Vernunft, die sich ehemals in ihm aussprach, neutralisiert, und die Beschäftigung mit ihm versinkt in bedeutendem, aber bedeutungslosem Gerede, bei dem sich jeder zwar nicht denken, aber einbilden kann, was er will. Die Frage aber, die für uns von Interesse und die auch durchaus lösbar ist, ist doch die nach der Bedeutung des Oknos *für uns*. Eine solche Auseinandersetzung mit dem Inhalt eines Mythos setzt allerdings voraus, daß dieser für uns überhaupt noch etwas bedeuten könne, wobei seine Bedeutung zwar aus der sinnlichen Gestalt des Mythos gewonnen, aber in die Form des Gedankens gebracht werden muß. Der Mythos bedarf insofern einer Erklärung. Nur wenn die Runenschrift des Mythos auf den Begriff gebracht wird, können mythische Gestalten zu Konkretionen allgemeiner Seinsstrukturen oder wenigstens zu Sinnbildern menschlichen Schicksals werden. Wenn sich aber im Mythos etwas einlösen läßt, das auch für uns ein Zeichen für die Art der Existenz des Menschen und ein Stück Selbstvergewisserung sein kann, dann ist die Interpretation zwar nicht philologisch begründet, aber sachlich gerechtfertigt. Dann wird das Bild des Oknos für uns bedeutendere Züge enthüllen als Auslegungen, deren Wert darin besteht, die vielleicht ursprüngliche Bedeutung wiederzugeben, oder darin, zur preiswerten moralischen Belehrung dienen zu können. Oknos wird sich dabei als Konkretion menschlichen Schicksals erweisen, das mit bürgerlichen Tugenden und Lastern so wenig zu begreifen ist wie durch die Begriffe von Schuld und Strafe, von Buße und Erlösung; denn die Bedeutung von Oknos liegt nicht auf moralischem oder religiösem Gebiet, wo sie gewöhnlich gesucht wird, er symbolisiert vielmehr trotz seines mythologisch bescheidenen Platzes die menschliche Existenz schlechthin.

Zwischen Oknos und anderen Gestalten des Mythos besteht, wie schon erwähnt, ein erheblicher Unterschied; denn Oknos existiert nur als Bild oder reines Symbol. Weder in dem von Bachofen als ursprünglich vermuteten ägyptischen Kulturkreis, noch bei den Griechen, denen doch sonst alles zum Mythos wurde, hat Oknos die Phantasie zu einer mythischen Geschichte angeregt; denn die späten Erklärungen, zu denen auch die des Pausanias gehört, sind keine mythischen mehr. Keine Erzählung, nur das Bild gibt also wieder, was Oknos bedeutet. Er ist daher von vornherein keine Parallele zu den anderen Büßern in der Unterwelt. Diese sind wirkliche *Büßer,* die für ein Verbrechen oder ein Vergehen gegen die Götter bestraft werden. Mehr oder weniger ausführlich informiert darüber jeweils der Mythos, und wenn die Schuldgründe auch nicht immer eindeutig oder gar einheitlich sind, so wird eine Schuld doch immer genannt. Tantalos zum Beispiel wird bestraft, weil er die Weisheit der Götter auf die Probe stellen wollte; Ixion büßt dafür, daß er die Göttin Hera zu verführen suchte; die Danaïden schließlich sühnen den Gattenmord, und selbst Sisyphos, der König von Korinth und ehemalige Schlaumeier, wird für einen Frevel bestraft, auch wenn wir diesen im Dickicht des mythischen Urwalds nicht mehr genau identifizieren können. Allein bei Oknos erzählt kein Mythos von einem Vergehen, keine Geschichte deutet sein Verbrechen an. Oknos ist ohne Schuld. Wo aber keine Schuld ist, kann es auch keine Sühne und keine Erlösung geben. Von nichts und zu nichts kann Oknos erlöst werden. Das ganze Umfeld der Begriffe von Schuld und Erlösung, von Strafe und Buße macht bei ihm keinen Sinn. H. J. Rose trifft den entscheidenden Punkt, wenn er daran zweifelt, »ob Oknos ursprünglich überhaupt ein in der Unterwelt gestrafter Missetäter war«[5]. Vielleicht war er es ursprünglich nicht, ganz sicher ist er es nicht in der bildlichen Darstellung des Polygnotos, auch wenn ihn diese unter andere Gestalten aus dem Hades versetzt; denn das will nicht viel besagen, sieht man doch neben ihm Perimedes und Eurylochos stehen, auch sie keine Unterweltgestalten, sondern die Helfer des Odysseus bei dessen Totenopfer. Weil Oknos schuldlos ist, müßte uns sein scheinbar sinnloses Schicksal empören, wenn wir es als Strafe deuten würden; doch sein Schicksal rührt uns nicht, wir empfinden nicht als Strafe, was er tut. Das Handeln der anderen Hadesgestalten ist voller Mühe und trotz aller Anstrengung vergebens. Ihr Leiden macht sie, unbeschadet ihrer Schuld, zu heroischen, gar tragischen Gestalten – mit einem Anspruch auf spätere literarische Behandlung. Doch bei Oknos fehlt jede Größe; sein Tun ist von keiner Tragik überschattet, durch keine Mühe beschwert, mit keiner Prise Leid gewürzt. In seiner Belanglosigkeit wirkt es eher komisch als heroisch, und dieser Eindruck wird durch das bäuerliche Ambiente des Esels bekräftigt. Die Geringfügigkeit des Dargestellten und die Nüchternheit der Darstellung könnten daher leicht dazu verführen, das Bild selbst für belanglos zu halten. Aber wenn man auch auf die einfachen Züge dieses gemalten Aphorismus verwiesen ist, wenn man sich seine Bedeutung erschließen will, kann man diese Bedeutung doch nicht in der Einfachheit des Dargestellten sich erschöpfen lassen; sonst wäre überhaupt nicht mehr zu begreifen, weshalb ein solches Bild überhaupt gemalt und sein Protagonist in so nahe Beziehung zu bedeutenden Mythen gebracht wurde.

Das Bild stellt nur zwei Figuren dar: einen sitzenden Mann, der ein Seil dreht, und neben ihm einen Esel, der das Seil am anderen Ende auffrißt und so das Geschaffene immer wieder vernichtet. Zunächst scheinen dieser grundsätzliche Gegensatz von Schaffen und Vernichten und Einzelheiten, die wiederum als Gegensätze formuliert sind, das Bild zu bestimmen. Auf der einen Seite steht nämlich die menschliche Gestalt, die das schöpferisch produktive Prinzip repräsentiert, und auf der anderen die tierische, die das verderbliche, vernichtende darstellt. Wenn der Esel weiblich sein sollte, wie Pausanias nicht unbedingt zwingend berichtet, wäre im Bild auch noch die Entgegensetzung des Männlichen und Weiblichen vertreten (mitsamt der traditionellen Wertung, die dem Mann das Schöpferische, der Frau das Zerstörende zuordnet). Erschöpfte sich aber die Idee dieses Bildes in solchen antithetischen Einzelzügen, wäre es ein etwas einfältiges Bild, dessen Zuordnung zu anderen bekannten Mythen durch nichts gerechtfertigt wäre. Daher muß man annehmen, daß die Bedeutung des Bildes von Oknos zwar mit diesen Gegensätzen zu tun hat, sich aber nicht mit ihrer bloßen Darstellung zufrieden geben will, sondern auf den bestimmten Zusammenhang dieser Gegensätze abzielt; denn die Tätigkeiten des Schaffens und des Zerstörens sind nicht als Gegensätze, die sich ausschließen, dargestellt, sondern als Gegensätze, die sich unmittelbar aufeinander beziehen, also als komplementäre Elemente. In ihrer Entgegensetzung ergänzen sie sich und haben füreinander eine notwendige Funktion; denn weder könnte der Esel das Seil immer weiter auffressen, wenn es nicht immer neu geschaffen würde, noch müßte Oknos sein Seil stets weiter flechten, wenn es nicht durch den Esel immer wieder zerstört würde. In dieser komplementären Beziehung seiner Gegensätze liegt die Grundidee des Bildes von Oknos und seinem Esel.

Diese Idee stellt einen Archetyp griechischer Welterfahrung überhaupt dar und findet sich daher auch in anderen Äußerungen griechischen Bewußtseins. So wurde, was Polygnotos in seinem sprechenden Bild darstellte, durch die griechische Philosophie in bildlicher Sprache ausgedrückt. Da wir Sprache, und sei sie noch so gleichnishaft, für verständlicher als Bilder halten, können uns die entsprechenden Äußerungen der Philosophie zur Verdeutlichung der Aussage des Oknosbildes dienen. Als erste philosophische Parallele ist dabei an Heraklit zu denken, auch wenn er andere Bilder als das des Oknos verwendet. Im Fragment 12 heißt es: »Denen, die in dieselben Flüsse hineinsteigen, strömen andere und wieder andere Wasserfluten zu.«[6] Gewöhnlich wird dieser Satz so mißdeutet, daß Heraklit damit den Fluß des ewigen Werdens und Vergehens habe ausdrücken wollen. Dieses Mißverständnis hat mehrere Gründe. Es ist einerseits durch die knappe Sprache bedingt, die Heraklit schon im Altertum den Beinamen »der Dunkle« einbrachte, wobei sich die Dunkelheit für uns durch den fragmentarischen Erhaltungszustand seiner Philosophie noch beträchtlich vergrößerte; andererseits ist dieses Mißverständnis auf das Vorurteil zurückzuführen, die Philosophie des Heraklit lasse sich in dem Satz zusammenfassen, alles fließe; und erschwerend kommt hinzu, daß wir diese Art Metaphorik nicht mehr gewohnt sind, weshalb wir sie leicht auf die falschen Begriffe bringen. In Wahrheit meint Heraklit aber etwas sehr Einfaches und Verständliches, daß nämlich der Fluß nur dadurch ein Fluß sei, daß immer neue Wasser in ihn hinein- und aus ihm herausströmen. Nur dadurch *fließt* überhaupt der Fluß. Wäre es anders, könnte man nicht in einen Fluß steigen, höchstens in ein ausgetrocknetes Bachbett oder in einen See. Mit vielen anderen Beispielen suchte Heraklit zu belegen, daß wir die Einheit der Welt unaufhörlich in solche Gegensatzpaare auflösen müssen, um sie als Zusammenhang dieser Gegensätze erst wieder zu gewinnen und uns verständlich zu machen. Deshalb nennt er das Meer rein und doch zugleich verderblich, insofern es Lebenselement der Fische und für den Menschen tödlich ist (Fr. 61); und wie im jungen Menschen der alte schon angelegt und mitgedacht ist, so ist im alten der junge Mensch immer noch enthalten (Fr. 88). Dieses Bestehen aus komplementären Gegensätzen und deren unlösbare Einheit bezeichnet Heraklit als »gegenstrebige Vereinigung« (Fr. 51). Sie ist der Grundakkord seiner Philosophie, und sie ist auch das eigentliche Thema des Bildes von Oknos.

Die Beispiele Heraklits mögen uns heute nicht mehr alle auf gleiche Weise überzeugen, sein Anliegen wird aber dennoch deutlich. Er bezieht sich auf Begriffe, die nicht wie Arme, Beine, Kopf und Rumpf Teile eines Ganzen sind, sondern die wie Berge und Täler im Begriff Gebirge eine unlösbare Einheit bilden; denn es gibt kein Gebirge, das nur Berge oder nur Täler enthielte. Von dieser Struktur ist aber auch die im Bild des Oknos dargestellte Lebenssituation des Menschen; denn auch das menschliche Leben ist antagonistisch und besteht aus komplementären Elementen. Gleichnishaft weist das Oknosbild zwar nur auf das schöpferische und das zerstörende Element hin, aber diese für ein Bild notwendige Beschränkung gilt nicht für das Denken, das im Begriff vom Gleichnis abstrahiert und die Metapher vom Schaffen und Zerstören auf die abstrakten Begriffe des Positiven und Negativen erweitert. Das Negative ist demnach die notwendige Ergänzung des Positiven, das ohne das Negative gar nicht positiv wäre. Wenn man will, kann man darin die positive Wirkung des Negativen sehen. Dadurch ist die Welt zwar nicht heil, aber sie ist auch nicht dadurch heil zu machen, daß man sich jenes aus ihr fortdenkt. Die Selbstverständlichkeit dieser Idee wird im Bild des Oknos dadurch anschaulich gemacht, daß sie in einer ganz gewöhnlichen, ländlichen Szene dargestellt wird. Die Normalität des gegenseitigen aufeinander Verwiesenseins drückt sich im friedlichen Beisammensein von Mensch und Nutztier aus, das durch keinen menschlichen Zorn über das widerstreitende Tun des sonst als störrisch verschrieenen Esels gestört wird, während doch gerade dieser Zug dem Esel zu seiner Heldenrolle in der griechischen Komödie und Satire verholfen hat. Bescheiden, eher nebenbei, wird hier inszeniert, was eigentlich eine tiefe Wahrheit ist, und in die Nähe des Banalen ist gerückt, was im Grunde eine ernste Sache ist, daß nämlich alles, auch das Gehoffte, Ersehnte und endlich Geglückte, als Glück und Befriedigung nur besteht, weil es seine Auflösung schon in sich trägt. Glück und Erfüllung sind also zwar durchaus möglich, doch sie sind es nicht, *obgleich* sie ihre Auflösung schon in sich tragen, sondern gerade *dadurch, daß* sie es tun. Daß das Leben eine solche zerbrechliche Balance zwischen Positivem und Negativem hält – das ist die Wahrheit des Bildes von Oknos.

Die Nüchternheit der Griechen, ihr Hang zum Realismus und ihr luzider Wirklichkeitssinn, ließ sie diese Wahrheit in einem einfachen Bilde sagen. Doch für uns begründet die Unumgänglichkeit dieser Verbindung die Trauer und die tiefe Melancholie, die unser Leben durchziehen, wenn es nicht ganz stumpf geworden ist. Und so gesehen macht es für uns durchaus Sinn, wenn über Oknos auch ein Hadesschatten fällt; denn die Wahrheit dieses Bildes vertrüge sich schlecht mit der heiteren Klarheit des Olymp. Doch von dieser Trauer und Melancholie findet sich bei Oknos selber nichts, und in keiner Beschreibung des Oknos-Motivs ist von irgendeiner emotionalen Regung in Mimik oder Gestik die Rede. Er leidet nicht sichtbar an seiner Situation und scheint von ihr nicht sonderlich betroffen zu sein. Man hat vielmehr den Eindruck eines tiefen Einverständnisses mit der Wirklichkeit, und so liegt eine große Ruhe über diesem Bild. Nietzsche hat einmal den »Instinkt-Haß gegen die Realität«[7] als eine der Voraussetzungen genannt, »auf denen, aus denen die Erlösungs-Lehre gewachsen ist« (S. 1192), und dieser Haß gegen die Realität, der Oknos so offensichtlich fehlt, erklärt, weshalb er keiner Erlösung und keiner Träume und Illusionen einer reduzierten Realität bedarf. Er braucht keine Bezauberungen, weil er kein Ungenügen an der Wirklichkeit und keinen Haß gegen die Realität empfindet, obgleich der im Esel symbolisierte Widerstand dazu Anlaß genug böte. Oknos' Achtung vor der ganzen, unverkürzten Wirklichkeit erklärt vielleicht auch seinen Namen; denn »Oknos« ist mit dem althochdeutschen »ahton« sprachverwandt, das eben »achten« bedeutet. Das ist freilich eine Spekulation, wenn auch eine passende, wesentlich ist sie aber nicht. Doch ganz gewiß darf man die Anerkennung der Wirklichkeit durch Oknos nicht mit der weitergehenden Vorstellung verknüpfen, hier werde bewußt und verantwortungslos die Wirklichkeit hingenommen, während vieles im Argen liege und zu ändern sei. Im Bild des Oknos drückt sich vielmehr nur die Überzeugung aus, daß die Wirklichkeit, wie sie nun einmal ist, das Material für jedes Verhalten und Handeln sei und daher als Realität zunächst auch akzeptiert werden müsse. Gerade derjenige, der andere und womöglich bessere Zustände herbeiführen will, muß von der gegebenen Situation ausgehen, um überhaupt mit einiger Aussicht auf Erfolg eine andere Welt schaffen zu können. Wollen muß man dies freilich nicht. Wer aber von vornherein nach anderen Bedingungen verlangt, kann mit den bestehenden Verhältnissen nicht zurechtkommen und schon gar nicht mehr andere erreichen, so sehr er sich auch müht. Das Einverständnis mit der Welt, das sich nicht von vornherein auf das vermeintlich Positive beschränkt, ist die Voraussetzung für ein gelingendes Handeln und für gelingendes Leben überhaupt. Das ist die Moral von der Geschichte und die Einsicht, die uns Oknos und sein Esel vermitteln können.

Diese Einsicht fordert eine andere Haltung, als man sie gewöhnlich dem Leben gegenüber einnimmt. Wer die unlösbare Verbindung der lichten und der dunklen Seiten der Wirklichkeit akzeptiert, kann nicht mehr einfach glücklich sein, wenn Glück eben dies bedeuten soll, Negatives nicht mehr erfahren zu müssen. Wem es keine Freude ohne das Wissen um das Leid, keine Erfüllung ohne Mangel, keine Befriedigung ohne das Bewußtsein ihrer Vergänglichkeit gibt, dem liegt Hollywood und die bunte Welt der Illusionen so fern wie der naive Glaube an das Gute, Wahre und Schöne. Für ihn gilt deshalb aber auch nicht, was Albert Camus über seinen Helden Sisyphos schrieb, daß dieser trotz seiner Misere glücklich sei; denn Sisyphos ist nur glücklich, weil er sein Schicksal heroisch überhöht, um es trotzig zu akzeptieren. Deshalb steht ihm die Anstrengung ins Gesicht geschrieben, das schon so steinern ist wie der Fels, den er nach oben wälzt. Der Versuch, im »Dennoch« solches Glück sprachlich dingfest zu machen, vermag vielleicht extreme Situationen zu beschreiben, den wenig heroischen, aber dauerhaften Alltag faßt er nicht. Der Sisyphos des Albert Camus ist nur scheinbar unerlöst; denn gerade die Unabänderlichkeit seines Schicksals, seiner Härte und Schwere, wird ihm zur Erlösung und erweist sich als unabdingbare Voraussetzung der ihm gemäßen Art von Glück. Oknos hingegen braucht von nichts erlöst zu werden, er kann es auch nicht; denn alles, wovon er erlöst werden könnte, ist zugleich die notwendige Bedingung seiner Existenz, so daß jede Möglichkeit zur Befriedigung aus seinem Leben schwände, wenn man es auf das vermeintlich Positive reduziert sich dächte. Aus dieser Gewißheit resultiert die Ruhe und Gelassenheit, mit der er sein Dasein besteht.

Diese Ruhe bedeutet aber nicht, daß Oknos sich über seine Wirklichkeit täuschte und das Negative nicht bemerkte oder es im stoischen Gleichmut ignorierte. Das Bild von Oknos und seinem Esel verschönt durchaus nicht die Situation und verklärt sie nicht. Dies belegt die Unverdrossenheit, mit der Oknos immerfort gegen die Zerstörung seines Tuns durch den Esel anarbeiten muß; denn nur dadurch, daß er nicht resigniert und seine Tätigkeit nicht abbricht, verhindert er die gänzliche Vernichtung dessen, was er schafft. Nur weil er nie die Hände in den Schoß legt und nicht alles gehen läßt, wie es will, erhält er sich und seine Welt. Deshalb verfehlt das späte, römische Bild im Columbarium der Villa Pamphilia mit seiner Darstellung des ausruhenden Oknos die Idee des Bildes völlig. Es kann daher auch nicht das Moment der Aufklärung, das in diesem Bild steckt, erkennen; denn die Ruhe, mit der Oknos gegen die fortdauernde Zerstörung seiner Wirklichkeit anarbeitet, begründet seine Freiheit. Wenn er auch nicht im üblichen Sinne glücklich ist, so ist er doch auch nicht unglücklich. Er ist frei. Allerdings ist dies eine andere Art von Freiheit, als man sie sich gewöhnlich denkt. Es ist dieselbe Freiheit, die Nikos Kazantzakis, gewissermaßen ein Landsmann und später Nachfahre des Oknos, meinte, wenn er schrieb: »Ich hoffe nichts, ich fürchte nichts, ich bin frei.« Daß dies aber seine Grabinschrift ist, zeigt, wie schwierig es ist, dieser Freiheit *im Leben* gerecht zu werden.

VII.

Philosophische Mentalität im 20. Jahrhundert

Die Philosophen hatten schon immer eine hohe Meinung von ihrer Bedeutung für die menschliche Gesellschaft, ja für die Welt. Doch vor einem halben Jahrhundert schrieb Hermann Glockner einen Satz, der alles, was bisher Unsinniges über die Philosophen geschrieben worden war, in den Schatten stellt. Der Satz lautet: »Gott selbst stellte seine Welt in Frage; er wagte sich, indem er den Philosophen schuf«.[1] Dieser Selbsteinschätzung des modernen Philosophen entspricht natürlich nicht seine uns allen vertraute Erscheinung. Wenn man es nicht wüßte, daß einer ein Philosoph ist, man würde es nicht erraten. Der deutsche Durchschnittsphilosoph einer durchschnittlichen deutschen Universität ist ein Mann mittleren Alters in einem Konfektionsanzug. Gewöhnlich trägt er eine Aktentasche und wahrscheinlich hat er eine Lebensversicherung wie andere Angestellte auch. Man wird nicht überrascht sein, wenn er gleich den Zettel aus der Tasche ziehen wird, auf dem ihm seine Frau aufgeschrieben hat, was er ihr vom Markt mitbringen soll. Angesichts dieser Diskrepanz von philosophischem Anspruch und bürgerlicher Wirklichkeit siedelt jede Darstellung des Selbstverständnisses moderner Philosophen in der Nähe zur Satire, und ursprünglich gedachte ich mir auch auf diese Weise eine Erleichterung zu verschaffen. Aber die nähere Beschäftigung mit dem Thema sorgte dann doch für eine gewisse Ernüchterung und Ernsthaftigkeit.

Bisher haben sich die Philosophen weniger als Umstürzler oder auch nur als Neuerer denn als Bewahrer hervorgetan, und ihre philosophischen Theorien sind, ob sie nun die Moral, den Staat oder die Soziallehre betreffen, bis auf wenige Ausnahmen, die um so erstaunlicher sind, je seltener sie sind, von einem durchgehenden Konservatismus geprägt. Zukunftsweisende, gar revolutionäre Entwürfe einer anderen, menschlicheren Gesellschaft haben sie selbst kaum vorgelegt und die der anderen immer mit ihrer berufsbedingten Skepsis begleitet, und so lesen sich die Namen gerade der bedeutendsten Denker wie ein »Who's who« konservativer Mentalität. Dieser grundsätzliche, im Sachverhalt der Philosophie selbst angelegte Konservatismus der Philosophen ist bekannt und wird durch fast die gesamte Literatur bezeugt. Unbekannter, aber auch interessanter ist hingegen eine andere Erscheinung philosophischer Mentalität, die freilich nur auf dem Hintergrund dieses allgemeinen philosophischen Konservatismus gedeihen konnte. Sie ist ein Phänomen der neuesten Zeit und korrespondiert mit mentalen Erscheinungen außerhalb der Philosophie, hat aber auch spezielle philosophische Komponenten, die sich aus der Entwicklung der gesamten bisherigen Philosophie ergeben. Dabei kommt zwei antagonistischen Momenten, die ich hier freilich nur nennen, nicht aber ausführen kann, eine besondere Bedeutung zu. Einerseits erhielt die Philosophie für die Bestimmung des Menschen eine ganz neue Bedeutung, indem der Weltbezug des Menschen unter den Titel des Willens gebracht wurde. Das ist schon in der mittelalterlichen Philosophie angelegt, wird aber erst in der neuzeitlichen Philosophie voll ausgebildet. Mit Descartes wird diese Bestimmung des Willens auf die Verfassung des Seins selbst übertragen, so daß in der neuzeitlichen Philosophie das Sein und das Denken des Seins dieselbe Struktur des Willens bekommen. Dadurch wird die der abendländischen Tradition seit Platon entstammende Verschränkung von Philosophie und Geschichte neu gefaßt. Die Philosophie begründet nicht mehr nur die Notwendigkeit des bisherigen Geschichtsablaufs wie noch bei Hegel, sondern bestimmt nun auch unmittelbar die zukünftige Gestaltung der Welt, indem sie selbst produktiv in die Geschichte eingreifen kann. Andererseits wurde die Philosophie aber durch die Veränderungen, die sie ungefähr seit der ersten Hälfte des letzten Jahrhunderts erfahren hat, gezwungen, ihr bisheriges Selbstverständnis von Grund auf zu überprüfen; denn seit dieser Zeit verlor sie immer mehr die Fähigkeit zum ursprünglichen philosophischen Fragen, entwickelte sich zu einer Fachwissenschaft und steht seither als Philosophiewissenschaft im Abwehrkampf gegen die Autonomiebestrebungen anderer Wissenschaften und deren Kritik an ihr. Dieser Verlust bisheriger Bedeutung der Philosophie und das inzwischen sichtbar gewordene öffentliche Desinteresse an ihr haben aber auch einen neuen Typ von Philosoph hervorgebracht, der durch diese Erfahrungen geprägt, wenn nicht gar beschädigt ist.

Auf dem Humus dieser Verunsicherung einerseits und der spekulativen Rolle der Philosophie für die Gestaltung der zukünftigen Welt andererseits, einer Rolle, deren zusätzlicher Dünger das elitäre Selbstverständnis des deutschen Akademikers im allgemeinen und des deutschen Philosophen im besonderen ist, wuchs im 20. Jahrhundert eine spezifische philosophische Mentalität, die sich allerdings nicht zeigt, wenn die Philosophen ihren Alltagsgeschäften nachgehen und sich Gedanken über Gott und die Welt machen. Man erkennt sie nur dadurch, daß man den Philosophen über die Schulter sieht, wenn sie über sich selber nachdenken, wenn sie ihr eigenes Selbstverständnis reflektieren und versuchen, ihre Rolle in der modernen Gesellschaft zu bestimmen. Da offenbaren sich sonst verborgene Motive, die verständlich machen, weshalb manche zur Philosophie kommen und warum sie zu einer solchen Philosophie kommen; denn hier legen sie die Maske des nur der Wahrheit hingegebenen Denkers ab und geben sich offen als die problematischen, autoritären und zugleich unsicheren Charaktere zu erkennen, die sie, in ihrer theoretischen Arbeit der nachprüfbaren Vernunft verpflichtet, sonst nur heimlich sein dürfen. Diese Struktur des modernen philosophischen Charakters und der aus der Besonderheit des Philosophierens abgeleitete Anspruch der Philosophen auf eine gesellschaftliche und moralische Sonderrolle sind das Thema dieser Untersuchung. Daß diese Erscheinungen keine Ruhmesblätter der Philosophie, sondern treibende Elemente der Gegenaufklärung sind, versteht sich von selbst.

In der ersten Hälfte unseres Jahrhunderts hat vor allem Hermann Glockner (1896–1979), von dem das einführende Zitat über Gottes Wagnis mit dem Philosophen stammt, das Selbstverständnis des modernen Philosophen reflektiert und in mehreren zum Teil umfangreichen Studien begründet. Einer breiteren Öffentlichkeit ist Hermann Glockner freilich eher als Herausgeber der Jubiläumsausgabe von Hegels Werken, des Hegel-Lexikons und als Autor zahlreicher Arbeiten besonders zum deutschen Idealismus bekannt. Auf diesen Gebieten liegen auch seine wissenschaftlichen Verdienste, über denen man freilich nicht vergessen sollte, aus welchen Motiven sich seine Philosophie nährt. Diese Motive sind durch keine bloße Anpassung an den Zeitgeist bedingt, auch wenn sie sich in seiner damals zeitgemäßen Schrift »Vom Wesen der deutschen Philosophie«[2] am unwürdigsten niedergeschlagen haben, sie sind wesentliche Momente seines Philosophierens. Das eigentümliche Selbstverständnis des deutschen Philosophen offenbart sich schon in der allgemeinsten Bestimmung, die Glockner dem Philosophen zuspricht; denn der Philosoph ist für Glockner, der ja selber einer war, eine Persönlichkeit. Doch was macht eine Persönlichkeit aus und wodurch wird man eine? Glockner gibt auf diese Frage schon in seiner ersten einschlägigen Arbeit mit dem Titel »Die ethisch-politische Persönlichkeit des Philosophen« eine zunächst erstaunliche Antwort; denn eine Persönlichkeit zu sein, das bedeutet für ihn, »Macht haben über die Welt«[3]. Erstaunlich ist diese Aussage, weil man gewöhnlich davon ausgeht, daß die Persönlichkeit etwas mit dem Individuum selbst und seinem Charakter zu tun habe, während die Macht für den Charakter eher verderblich sei, so daß Machthaber als Synonym für einen skrupellosen Menschen, nicht aber für einen Philosophen taugen könne. Die Macht zu haben, das muß hier also eine ganz besondere Aufgabe erfüllen. Erstaunlich ist die Aussage aber auch, weil die Macht des Philosophen doch nur auf theoretischem Gebiet liegt, wo sie nach allgemeiner Auffassung nicht viel schaden könne, weil der Geist ohnehin ohnmächtig sei. Glockner geht selbst von einer zunächst nur theoretischen Wirksamkeit der Philosophie aus; denn es handle sich bei ihr immer nur um Theorie, die im Idealfall allerdings »das Insgesamt der Erkenntnis aller Welt – das philosophische System« (S. 65) ausmache. Die ganze Macht des Philosophen besteht also darin, daß er ein philosophisches System besitzt. Diese Aussage ist aber nur so lange ein müder Scherz, als man noch nicht bedacht hat, was ein solches System, jedenfalls nach Meinung Glockners, zu leisten vermag und welche Macht es darstellt.

Glockner hat in seiner späteren großen Studie über die Persönlichkeit des Philosophen die Wirkung von dessen Macht näher erläutert. Dort heißt es: »Der Philosoph weiß, daß es auf theoretischem Wege möglich ist, das Universum einzufangen«[4]. Für diese Jagd nach dem Universum ist der Philosoph ganz besonders ausgerüstet, da er »das theoretische Netz grundsätzlich über die Welt geworfen« (S. 111) hat. Der Sinn der philosophischen Macht liegt also darin, daß man die Welt durch die Systematik des Erkennens in den Griff bekommen kann, daß man ihre Eigenständigkeit aufheben und ihre Freiheit insgesamt vernichten kann. Das ist für Glockner eine dem Geist immanente Aufgabe; denn der Geist, »dem man gewöhnlich nachsagt, daß er im Unterschied zur Natur frei sei, strebt gerade nach Bindung. Er wendet sich gegen das Beliebige der Freizügigkeit; er duldet keinen blinden Versuch; er ist bemüht dem Handeln Gesetze vorzuschreiben« (S. 157). Der Geist hebt im Zwang der systematischen Ordnung die Freizügigkeit der Natur auf, stellt Bindungen her, schreibt dem Handeln Gesetze vor und duldet keine Beliebigkeiten. Wenn das vollständig gelingt, triumphiert der Philosoph am Ende über die ganze Erscheinungswelt und das Leben selbst: »Immer wieder triumphiert das spröde, aber bestimmte Grenzen setzende und exakte Beziehung feststellende Denken über das flüssige Ineinanderübergehen, Wachsen und Gestalten der Erscheinungswelt der sinnlichen Anschauung, der lebendigen Leibhaftigkeit« (S. 85). Indem der Philosoph die Welt in ein ordentliches System zwingt, beherrscht er nicht nur das Wachsen und die Gestaltung ihrer Erscheinungen, sondern setzt auch an die Stelle der natürlichen Eigenschaften von Lebendigkeit und Vielfältigkeit die dazu gegensätzlichen Bestimmungen des Geistes. Daher sind für Glockner gerade die Attribute des Geistes die hervorragendsten, die, sollten sie zutreffen, eher seine Defekte bezeichnen; denn Glockner schreibt ausdrücklich: »Im Unterschied zu der Wendigkeit und Schmiegsamkeit alles Natürlichen erweist sich der Geist als starr und unduldsam« (S. 159). Starrheit und Unduldsamkeit sind dabei die metaphorischen Umschreibungen für die Haltung, die sich in der konservativen Sphäre dem »Gültigen« verpflichtet weiß. Das Gültige ist aber nicht nur das, was gilt, sondern das, was immer gilt, und weil jede konservative Einstellung aus dem immer Gültigen ihre Rechtfertigung zieht, muß sie gegen das lebendig Natürliche starr und unduldsam sein.

Doch dem Philosophen genügt die auf die Theorie beschränkte Macht und der im Denken erreichte Triumph über die Welt keineswegs, er will sich aktiv in die Welt einmischen und sich als Philosoph unmittelbar politisch betätigen. Glockner schreibt mit ausdrücklicher Berufung auf Platons Satz, die Könige müßten Philosophen und die Philosophen Könige werden, die philosophische Persönlichkeit wolle die Macht, »die sie über die 'Welt' hat, aktiv ausüben«[5]. So wird die Ohnmacht des Geistes durch den Anspruch auf politische Wirksamkeit überwunden, wobei natürlich die Philosophie als zwar zukunftsdeterminierende, aber nur individuell verantwortete Kraft jeder gesellschaftlichen Kontrolle entzogen wäre. Ganz besonders fatal wäre dies, weil der Philosoph auch hier in der Praxis seine Macht anwendete, wie er es versteht, nämlich »in Freiheit schaltend und waltend« (S. 65), als Möglichkeit, Gesetze zu erlassen und Vorschriften zu machen, notfalls auch als blanke Gewalt; denn die Absicht, die Welt in den Griff zu bekommen, die ihn bei seiner Theorie leitet, hat er auch hier. Glockner schreibt über die Philosophenpersönlichkeit: »Sie übt Macht aus; sie vergewaltigt. Die Zwingburg, die sie sich zu schaffen sucht, und deren Ideal ihr vorschwebt, ist das Insgesamt aller Machtfülle – der Staat« (S. 65). Das hat man zwar ahnen können, daß für einen deutschen Philosophen der Staat das höchste Ideal sein wird, doch daß es ein Staat sein soll, der seine Macht nur als Gewalt einzusetzen versteht, das hat man denn doch nicht befürchten müssen, obgleich die Philosophen immer von Gewaltherrschern fasziniert waren. Nicht der Staat, auch nicht der »starke Staat«, der terroristische Staat ist das Ideal der Philosophen. Bestätigt wird damit Hannah Arendts Beobachtung, daß viele Philosophen, und sie meint dabei durchaus nicht nur deutsche, eine eigentümliche Neigung zum Tyrannischen hätten.

Warum aber muß der Philosoph die Lebendigkeit der Erscheinungswelt zerstören, und warum ist sie überhaupt eine Gefahr für ihn? Weshalb glaubt er, die Welt gewaltsam ordnen und in ihrer Naturhaftigkeit überwinden zu müssen? Der Lösung dieses Problems nähert man sich, wenn man sich die Charakterisierungen ansieht, die Glockner für den mit diesen Gefahren ringenden Philosophen findet. Wer nämlich Gefahren besteht, sie vielleicht sogar sucht, der ist ein Abenteurer. Glockner hat deshalb seiner großen Studie über den Philosophen den programmatischen Titel »Das Abenteuer des Geistes« gegeben; denn wie ein Abenteurer trotzt der metaphysische Drachentöter den Gefahren, bricht er Widerstände und besiegt er den Feind. Doch das grundsätzliche Problem, das alle Abenteurer haben, besteht auch hier; denn mit dem Triumph ist das Abenteuer überstanden und die Gefahr vorbei. Was macht jetzt der Philosoph? Was macht der Philosoph, wenn die Schlachten geschlagen, die Feinde besiegt und Widerstände nicht mehr zu erwarten sind? Da nun tritt für Glockner die tiefe Tragik des Philosophen ans Licht, nämlich »ein Abenteurer sein zu müssen, aber nicht bleiben zu dürfen«[6]. Welch sophokleisches Drama in der Gelehrtenstube! Glockner tröstet sich freilich mit dem Gedanken, daß der Philosoph als Abenteurer doch auch ein Held sei, der mit seinem System, wie die anderen zeitgenössischen Helden mit ihren Bomben und Granaten, Tod und Zerstörung über die lebendige Welt bringen möchte, da immer, wie Glockner gnadenlos versichert, »Bestehendes vernichtet werden muß, um für Neues Platz zu schaffen« (S. 42). Der Philosoph will aber nicht nur einzelnes und dies mit beschränkten Mitteln zerstören, er will vielmehr die Natur selbst und alle natürlichen Zusammenhänge vernichten. Diese Absicht bekommt heute angesichts der realen Naturzerstörung und Glockners zusätzlicher Bemerkung einen eigenen Klang. Er fährt nämlich fort: »Hier wird auch deutlich, warum wir uns den Helden unwillkürlich immer als Mann vorstellen. Nur der männliche Geist ist unnatürlich genug um Traditionszusammenhänge revolutionär zu durchbrechen, während sich die Frau als das Naturwesen, das sie vor allem ist – im Grunde immer gleich bleibend, epochenlos und nur der Periodik unterworfen – der Tradition in konservativer Weise annimmt« (S. 43).

Aber die Tat eines Helden besteht ja gar nicht im Mut, also darin, Gefahren auszuhalten und zu ertragen, sondern darin, sich in den Schrecken zu stürzen – um ihn zu beenden; denn er erträgt ihn nicht und hält ihn nicht aus. Nicht anders geht es dem philosophischen Helden. Auch er vermag die Welt mit ihren Unsicherheiten nicht auszuhalten und kann diese schon gar nicht als Bedingung und Möglichkeit menschlicher Existenz begreifen. Deshalb liegt für Glockner der Sinn des philosophischen Abenteurers »in Wahrheit«, wie er schreibt, darin, daß er »der Auflösung entgegentritt, die Krisis beendet und aus Verzweiflung zur freien Tat schreitet« (S. 46). Die Erfahrung der Krise und die Verzweiflung an der sich immer auflösenden, sich immer entziehenden und niemals festgestellten Welt erklärt, weshalb ein solcher Philosoph die Macht über die Welt so nötig hat: Er vermag deren Lebendigkeit, Freizügigkeit und Vielgestaltigkeit nicht nur nicht zu nutzen, er kann sie nicht ertragen. Deshalb sind in Wahrheit Angst und Verzweiflung die eigentlichen Antriebe für sein engagiertes Heldentum. Aus Angst wirft er sein begriffliches Netz über die Welt, Verzweiflung läßt ihn ihre Natürlichkeit zerstören. Je mehr einer von diesem Schrecken über die Welt betroffen ist, um so eher taugt er zu einem solchen Philosophen; denn je mehr die Welt ängstigt, desto gründlicher muß sie begriffen und gesetzlich geregelt werden. Die Philosophie dient nun als Heilmittel, um von der Welt erlöst zu werden und sie nach den eigenen, starren Gesetzen des Geistes neu zu schaffen. Gelingt dem Philosophen diese Erstarrung wirklich, dann darf er nach Glockner auch erwarten, daß er »zuletzt die Bestätigung der Natur erhält, daß der Geist nicht nur verletzt und schuldig wird, sondern auch Anerkennung und Erlösung findet. Wir dürfen erwarten, daß die Natur das Abenteuer rechtfertigt und die neue Schöpfung mit dem Stempel des Dauernd-Gültigen versieht« (S. 47). So korrespondieren der Verzweiflung über die Welt das Bedürfnis nach und die Hoffnung auf Erlösung von ihr.

Für das moderne Denken gilt längst nicht mehr Platons romantische Phrase, das Staunen sei der Beginn der Philosophie. Das war eine sehr attische Lösung des Problems; viel helles Licht und eine leichte Luft liegt über ihr. Weil dieses Motiv aber so schön und so rührend ist, wurde es von Aristoteles bis Bloch stets zustimmend zitiert. Aber heute staunt doch kein Mensch mehr, der sich mit der Philosophie beschäftigt, und kein Philosophieprofessor würde auf die Frage, was er treibe, antworten, er staune. Konstituierende Komponenten der modernen philosophischen Mentalität sind vielmehr die zwar ausgesprochenen, aber in ihrer Reflexionslosigkeit doch auch unbewußten Motive der Verunsicherung und der Verzweiflung an der Welt mit dem Bedürfnis nach Erlösung von ihr. Eine Schwäche bedeuten diese Motive an sich noch nicht, sie sind eher Indikatoren des modernen Bewußtseins überhaupt, und damit erweisen sich die Philosophen sogar als sensibler und weniger dickfellig als andere Menschen, die gern verdrängen, wie gebrochen und gefährdet der Weltbezug des Menschen ist. Problematisch wird es erst, wenn die Philosophen von der Lebendigkeit der Welt so überfordert sind, daß sie diese zu einer Gefahr stilisieren und daraus die Notwendigkeit ableiten, sie rigoros zu unterdrücken, und dies als Rettung begreifen. Eine solche Philosophie trägt den Schrecken, den sie draußen zu orten meint, in sich selbst.

Ist der Philosoph aber ein Retter, dann ist er es um so mehr, je größer die Gefahren sind, wobei die Gefahren natürlich um so größer sind, je weniger sich einer ihnen gewachsen fühlt. Deshalb ist der eigentliche Philosoph der, der den Schrecken so recht empfindet und die größte Verunsicherung erfährt. Hermann Glockner selbst war eine solche Philosophenpersönlichkeit aber nicht. Er war nur ein gewöhnlicher Akademiker, arbeitsam, doch ohne große Visionen, und selbst sein Konservatismus war durch die übliche akademische Betulichkeit gemildert. Doch zur selben Zeit, als Glockner seine Arbeiten über die Persönlichkeit des Philosophen schrieb, drängte sich Martin Heidegger (1889–1976) an die Öffentlichkeit und wollte praktisch verwirklichen, was Glockner nur theoretisch entwarf. Diese Absicht ist in seiner Philosophie selbst angelegt, da sein Begriff von ihr sie zur politischen Philosophie disponiert. Heideggers Verständnis der Rolle des Philosophen und der Philosophie in der Gesellschaft erklärt daher auch sein politisches Engagement und seine, um das Wenigste zu sagen, zwiespältige Haltung zum Nationalsozialismus ebenso wie sein sonst unverständliches Taktieren und Schweigen danach. Spricht man über jenes, muß man zwangsläufig auch an dieses rühren, selbst wenn man nicht die Absicht hat, in die neu entflammte Diskussion über Heideggers politisches Engagement einzugreifen. Indem Heidegger *philosophisch* begründet, was Glockner nur verkündet und dekretiert, wird er zum exemplarischen Fall der ethischen und politischen Philosophenpersönlichkeit im Sinne Glockners.

Auffallend oft und eindringlich spricht Heidegger von der tragischen und ausweglosen Situation des Menschen, aus der allein das Denken die Rettung weisen kann; denn nur wo Gefahr ist, bedarf es des Rettenden überhaupt. Die Originalversion dieses Hölderlinsatzes hat er nicht zufälligerweise gern zitiert. Nach frühen Hinweisen in »Sein und Zeit« spricht Heidegger in der Vorlesung »Die Grundbegriffe der Metaphysik. Welt – Endlichkeit – Einsamkeit« vom Wintersemester 1929/30 erstmals ausführlich und massiv von Not und Gefahr, von Schrecken und Bedrängnis, nicht aber von der Not und Bedrängnis, die herrscht, sondern von der, die nicht herrscht; denn die soziale oder politische Not jener Zeit, die Not, die damals ganz real herrschte, hätte des konkreten Handelns, aber keines Rufes nach der Philosophie bedurft. Deshalb ist für Heidegger nicht das »die Not, daß diese oder jene Not so oder so bedrängt, sondern das zutiefst und verborgen Bedrängende ist vielmehr: *das Ausbleiben einer wesenhaften Bedrängnis unseres Daseins im Ganzen*«[7]. Diese äußerste Bedrängnis eröffnet erst die Philosophie, und deshalb bezeichnet sie Heidegger als einen Sprung, »durch den der Mensch einen Absprung aus aller vormaligen, sei es echten, sei es vermeintlichen Geborgenheit seines Daseins vollzieht«[8]. Auch in seiner Freiburger Rektoratsrede vom Jahre 1933 entwickelt er zunächst das Szenarium aus Bedrohung, Angst und Schrecken, aus dem der Philosophie ihre besondere Aufgabe erwächst. Höchst eindringlich spricht er von der »Verlassenheit des heutigen Menschen«[9] ganz allgemein und konkret vom »deutschen Schicksal in seiner äußersten Not« (S. 10). Noch das Platon-Wort, alles Große sei gefährdet, mit dem die Rede schließt, übersetzt er in die pathetische Formel: »Alles Große steht im Sturm« (S. 19). Diese Übersetzung ist aber keine bloß eigenwillige und vielleicht etwas großzügige Interpretation, sie ist einfach falsch, doch sie ist mit Absicht falsch; denn nur so entfaltet Platons skeptische Einsicht ein agitatorisches Potential, das Heidegger braucht, um die Größe der Bedrohung des abendländischen Denkens und damit der abendländischen Existenz insgesamt verständlich machen zu können. Heidegger begreift diese Bedrohung später in der Auseinandersetzung mit Nietzsche als Nihilismus, und da er die ganze abendländische Geschichte einschließlich Nietzsches unter diesen Titel stellt, wird seine eigene Philosophie zur einzigen Rettung und zu einem neuen Anfang.

Wegen der Größe und Bedrängnis dieser Bedrohung wird das ganze Leben zu einem heroischen »Kampf«. Dieses die Rektoratsrede prägende Wort vom Kampf wollte Heidegger im späteren Rückblick von 1945 im heraklitischen Sinn interpretiert wissen. Doch diese nachträgliche Erläuterung überzeugt nicht; denn hätte Heidegger nicht mißverstanden werden wollen, hätte er schon in seiner Rede, die zwar vor akademischem, aber doch nicht nur philosophischem Publikum gehalten wurde, eindeutig sein müssen. Es ist eine demagogische Technik, Anklänge nicht ausdrücklich herzustellen, aber zuzulassen und damit ein geheimes Einverständnis zu suggerieren, das man aber öffentlich jederzeit bestreiten kann. Jedenfalls wurde sein damals unkommentiertes Wort vom Kampf so verstanden, wie es im Kontext der Zeit und seiner eigenen Worte verstanden werden mußte. Heidegger spricht nämlich von einem Kampf, in dem man sich durch »Einsatz bis ins Letzte« (S. 15) zu bewähren habe, und angesichts der Härte und Schwere dieses Kampfes fordert er, der persönlich eine durchaus unsoldatische und schon gar keine heroische Gestalt war, die »härteste Selbstbesinnung« (S. 9). Diese Forderung gilt natürlich vor allem für diejenigen, die »die Verpflichtung zur *geistigen* Führung« (S. 9) haben, und das ist für Heidegger nun einmal der Denker allgemein, aber er selbst im ganz besonderen.

In dieser Rolle des *geistigen* Führers haben ihn auch die Nationalsozialisten zeitweise anerkannt. Nachdem er zum Rektor der Universität Freiburg gewählt worden und der Partei beigetreten war, bescheinigte ihm die Freiburger NS-Zeitung »Der Alemanne. Kampfblatt der Nationalsozialisten Oberbadens« am 3. Mai 1933, er sei »der geistige Führer des zeitgenössischen Denkens«. Doch was die politischen Führer unter der geistigen Führung verstanden, entsprach nicht Heideggers Verständnis von der Rolle des Philosophen. Für ihn war der geistige Führer auch zur Führung der politischen Führer berufen; denn jeder Führer muß, und damit übersetzt Heidegger die Platitüde, daß jeder, der befehlen wolle, zunächst das Gehorchen gelernt haben müsse, ins Philosophische, jeder Führer muß selbst Geführter sein, nämlich »geführt von der Unerbittlichkeit jenes geistigen Auftrags, der das Schicksal des deutschen Volkes in das Gepräge seiner Geschichte zwingt« (S. 9). Die Erkenntnis dieses geistigen Auftrags ist aber Sache des Denkers, weswegen es letztlich der Denker ist, der den geschichtlichen Auftrag erkennt und ins Werk setzt. Daß Heidegger wirklich den Führer erziehen wollte, wie sich Karl Jaspers Jahre danach notiert, ist nur schwer anzunehmen, doch Heidegger glaubte, als Philosoph versuchen zu müssen, »die vermögenden Kräfte und wesentlichen Ziele ins Spiel zu bringen« (S. 24), um mitzuhelfen, »die an die Macht gekommene 'Bewegung' zu läutern und zu mäßigen« (S. 25). Das immerhin hat er, jedenfalls im Rückblick von 1945, als Aufgabe und als reale Möglichkeit des Philosophen angesehen. Doch die wirklich Mächtigen verwenden solche Philosophen nur als Narren, die rhetorisch garnieren dürfen, was sie nach eigenen Vorstellungen inszenieren. Die Nationalsozialisten konnten schließlich mit Heideggers Philosophenverständnis nichts anfangen, er wurde ihnen lästig. Wenn etwa Alfred Baeumler »die *Reinerhaltung der Art*«[10] als »erste politische Folgerung einer Philosophie der Kraft« (S. 128) bezeichnete und alles andere »zu einer trügerischen und wurzellosen Philosophie des Geistes« (S. 128) rechnete, dann wird klar, daß Heidegger bei den Nationalsozialisten philosophisch scheitern mußte; denn mit deren Rassismus und Biologismus hatte er nichts zu tun, und so konnte seine Philosophie noch nicht einmal die erste politische Forderung einer Philosophie der Tat erfüllen.

Die eigentliche Ausarbeitung und philosophische Begründung der Sonderrolle des Philosophen lieferte Heidegger allerdings erst später. In der Vorlesung »Einführung in die Metaphysik« vom Sommersemester 1935 erklärt er, die Philosophie könne nicht unmittelbar die Bedingungen schaffen, »die einen geschichtlichen Zustand heraufführen, dies schon allein deshalb nicht, weil sie unmittelbar immer Wenige angeht. Welche Wenigen? Die schaffend Verwandelnden, die Umsetzenden«[11]. Heidegger nennt zunächst drei Arten solcher Schaffenden, die etwas ins Werk setzen und bewirken, nämlich die Dichter, die Denker und die Staatsschöpfer. Nach seinem politischem Scheitern werden die Staatslenker von Heidegger freilich nicht mehr erwähnt. Vor dem Staatsschöpfer steht sowieso dem Range nach der Denker, daß vor diesem noch der Dichter steht, sagt hingegen wenig; denn er steht dort nicht aus eigener Macht, sondern kraft der Interpretation des Philosophen. In der Auseinandersetzung mit Hölderlin werden diese Wenigen dann sogar mit dessen »Halbgöttern« gleichgesetzt, während alle anderen Heideggers Verdikt von »der bodenlosen Organisation des Normalmenschen« (S. 28) verfallen, eine Kritik, die dann in Heideggers Spätphilosophie durch die Polemik gegen die »Heutigen« ihre Fortsetzung findet. Das besondere Kennzeichen dieser Wenigen ist ihre Einsamkeit, und diese elitäre Attitüde der Einsamkeit, die angesichts der wirklichen Vereinsamung vieler Menschen einfach peinlich wirkt, zieht sich, zunehmend peinlicher werdend, durch das gesamte Werk Heideggers. In dem Textstück »Für die Wenigen – Für die Seltenen« aus den »Beiträgen zur Philosophie«, dem zweiten und eigentlichen Hauptwerk Heideggers, heißt es: »Für die Wenigen, die von Zeit zu Zeit wieder *fragen,* d. i. das Wesen der Wahrheit erneut zur Entscheidung stellen. Für die Seltenen, die den höchsten Mut zur Einsamkeit mitbringen«[12]; die Fragenden nämlich sind »einsam und ohne die Hilfsmittel einer Bezauberung« (S. 12). In dem Gespräch mit Richard Wisser, das der Vorbereitung von Heideggers einzigem Fernseh-Interview diente, wird Heidegger sogar ganz persönlich: »Ich bin einsam, wie einsam, das wissen Sie nicht, oder doch, Sie fragen, weil Sie es zu wissen meinen, aber gerade deshalb...«[13] Auch in diesem Gespräch, das von Wisser streckenweise in den Rang eines Courths-Mahler Werkes gehoben wird (»Heidegger lächelt und lächelt, viel Weisheit im Blick«, S. 48), führt Heidegger seine die Einsamkeit ergänzende Lieblingsklage, daß er nicht verstanden werde. Die Bedingungen dafür stellt er aber selber her. Heidegger erhebt nämlich den Anspruch, als einziger den Nihilismus der ganzen abendländischen Geschichte zu durchschauen. Alle Versuche der anderen, diesen Nihilismus zu begreifen und vielleicht zu überwinden, sind für ihn wieder nur Äußerungen und Bestätigungen des Nihilismus.

Aus dieser Situation könne uns schließlich nur noch ein Gott retten, wie der berühmte Satz aus dem Spiegel-Gespräch lautet. Dieser »letzte Gott«, wie er in den »Beiträgen zur Philosophie« genannt wird, ist die letzte Hoffnung auf Rettung, und »nur die großen und verborgenen Einzelnen werden dem Vorbeigang des Gottes die Stille schaffen und unter sich den verschwiegenen Einklang der Bereiten«[14]. Das Denken, genauer das Denken Heideggers, kann dem Gott nur den Weg bereiten, im Wissen um seine »Unkraft vor dem Schicksal«, wie es schon in der Rektoratsrede heißt. Dieses Denken nennt Heidegger in den »Beiträgen zur Philosophie« »die sich *fügende* Verfügung über die Wesung des Seyns« (S. 11, Hervorhebung von mir); denn dem Schicksal gegenüber ist der Mensch hörig, und dieses »echte Hörigsein«, wie es Heidegger in der »Einführung in die Metaphysik« nennt, bedeutet, »Folge leisten gegenüber dem, was der logos ist: *die Gesammeltheit des Seienden selbst*«[15]. Das Seinlassen der Dinge und Verhältnisse ist Heideggers Antwort auf die Ungeborgenheit des Daseins, eine Antwort, die im Begriff der »Gelassenheit« schließlich ihre späte Formel findet.

Glockner konnte die Lebendigkeit und Vielgestaltigkeit der Welt nicht als Chance, sondern nur als Krise begreifen. Deshalb mußte er sie aus Verzweiflung zerstören und an ihre Stelle die Starrheit des Geistes setzen. Auch Heidegger geht von dieser Erfahrung der Verunsicherung aus, die er aber tiefer begründet, weil sie sich bei ihm aus der Erkenntnis des Nihilismus nährt. Deshalb findet bei ihm eine Erlösung, wie sie Hermann Glockner noch glaubte, erhoffen zu dürfen, nicht mehr statt: »Hier geschieht keine Erlösung« (S. 413), sondern nur »die Anerkennung der Zugehörigkeit des Menschen in das Seyn durch den Gott« (S. 413). Doch auch bei Heidegger offenbaren sich schnell die wahren Motive, aus denen sich seine Philosophie entwickelt, und sie entpuppen sich als dieselben, die schon bei Glockner wirksam sind. Heidegger geht davon aus, daß die planetarisch bestimmte Technik etwas sei, was der Mensch nicht mehr von sich aus bewältigen könne. Die Technik reiße den Menschen vielmehr immer weiter von der Erde los und entwurzele ihn. Als ausgezeichneten Beleg führt Heidegger in dem Spiegel-Gespräch von 1966, das erst nach seinem Tod 1976 veröffentlicht werden durfte, an, wie erschrocken er gewesen sei, als er die Aufnahmen vom Mond zur Erde gesehen habe. Aus der Tatsache, daß solche Bilder möglich geworden waren, zieht er die Folgerung: »Wir brauchen gar keine Atombombe, die Entwurzelung des Menschen ist schon da«[16]. Abgesehen davon, daß Heidegger die atomare Gefahr unterschätzt, wenn er sie bloß als Entwurzelung versteht, ist es ein sonderbarer und von aller Philosophie weit abliegender Versuch, die endgültige Entwurzelung des Menschen und den vollendeten Nihilismus mit Ereignissen wie der menschlichen Fähigkeit zur Raumfahrt begründen zu wollen. Der »Spiegel« wendet mit Recht dagegen ein, daß eine Möglichkeit des Menschen doch auch darin gesehen werden könne, »daß er von dieser Erde auf andere Planeten ausgreift. Es wird sicher noch lange nicht soweit sein. Nur, wo ist geschrieben, daß er hier seinen Platz hat?« (S. 98f). Diesen Einwand, der sich angesichts der zeitlich begrenzten Lebensmöglichkeit auf einem Planeten irgendwann einmal notwendigerweise stellen wird, kontert Heidegger mit der These, alles Große sei nur entstanden, »daß der Mensch eine Heimat hatte und in einer Überlieferung verwurzelt war« (S. 99). In dieser Replik verbirgt sich mehr als die Unfähigkeit oder der Unwille, weiter philosophisch zu argumentieren. Hier entlarvt sich einer; denn unangemessener kann die prinzipielle Ungeborgenheit des Daseins nicht bestanden werden wollen, als daß man sich dabei auf lebensweltliche Situationen der Geborgenheit zurückbezieht. Die Unangemessenheit dieser Antwort ist eine Bestätigung dafür, daß Heidegger nur ein bei der heutigen Entwicklung, ihrer Richtung und ihrem Tempo, verständliches und nachvollziehbares Gefühl der Bedrohung zu einer philosophischen Grundkategorie uminterpretiert hat. Georg Picht erklärt sich aus langjährigem persönlichen Umgang manche Reaktion von Heidegger damit, daß dieser ein Mensch gewesen sei, »der sich unablässig von außen wie von innen bedroht wußte«[17].

Private Gefühle der Bedrohung und Ungeborgenheit können durch Erfahrungen wie die der Heimat oder der Einbindung in Traditionszusamenhänge gemildert oder beherrscht werden. Wenn nun Heidegger solche Gefühle zu seinsgeschichtlichen Kategorien überhöht, ist es verständlich, daß er auch die im Ausdruck der

Heimat liegenden Konnotationen von Geborgenheit, Herkommen und Beschränkung auf die Heimat als metaphysischen Ort überträgt, so daß der Mensch, nun auf unangreifbare, weil philosophische Weise nachgewiesen, auch seinsgeschichtlich auf eine Heimat angewiesen ist. Damit wird er endgültig auf das Herkömmliche als das ewig Gültige festgelegt und beschränkt. Wahrscheinlich kann man keine ethisch-politische Philosophenpersönlichkeit sein, ohne es zugleich und bis in die Knochen hinein auf diese Weise zu sein. Diese Verbindung erklärt vielleicht auch, weswegen Heidegger als Philosoph so bedeutend und doch zugleich ein solcher Spießer zu sein vermochte. Schlaglichtartig beleuchtet diese Mischung eine Szene, die ein privater Film von einer Geburtstagsfeier auf Heideggers Schwarzwaldhütte in Todtnauberg festgehalten hat. Da gratulieren Bäuerinnen aus dem Dorf Heidegger und überreichen ihm Blumensträuße, und der einsame, unverstandene, den letzten Gott vorbereitende Philosoph nimmt sie lächelnd entgegen – und hat dabei eine Zipfelmütze auf dem Kopf, wirklich und wahrhaftig eine Zipfelmütze.

Die philosophische Sonderrolle mit ihren aus Verunsicherung und Verzweiflung stammenden Gewalt- und Zerstörungsphantasien ist aber kaum Gegenstand kritischer Analysen, sondern wird zum unreflektierten Argument, mit dem sich Philosophen wechselseitig zu entlasten versuchen, wenn ihre praktisch gewordenen Theorien politisch und moralisch bedenklich werden. So wendet Silvio Vietta gegen die Kritik von Habermas, Heidegger habe sich nie wirklich von seiner Verstrickung in den Nationalsozialismus distanziert, ein, man müsse beachten, »daß Heidegger, wenn er sich wesentlich mit dem Faschismus auseinandersetzen wollte, dies als Philosoph tun mußte.«[18] Heidegger konnte sich also nur als Philosoph mit dem Faschismus auseinandersetzen, nicht als Mensch und Zeitgenosse. Jede andere Form der Auseinandersetzung mit ihm, jedes politische Nachdenken über ihn, jedes moralische Bedenken und jedes selbstverständliche menschliche Mitgefühl mit den Opfern sind damit unter der Würde des Philosophen. Das Resümee von Vietta lautet daher auch nur: »Jeder, der Heidegger aufrichtig liest, erkennt sein tiefes Entsetzen vor den – gerade im Nationalsozialismus so brutal sich zu erkennen gebenden –

Zeichen der Geschichte als der von der totalen 'Seinsverlassenheit' entstellten Geschichte« (S. 102). Dieses Entsetzen vor den Zeichen der Geschichte konkretisiert sich aber nirgends zum Mitleid mit den Opfern. Vollends absurd wird es, wenn Vietta glaubt, wenigstens den Rektor Heidegger mit der Bemerkung entlasten zu können: »Der Heidegger von 1933 verfügt eben noch nicht über jene Geschichtsphilosophie der Moderne, die ihm ermöglicht hätte, zu erkennen, daß *jener* politische Aufbruch, den der Nationalsozialismus wollte, eben kein wirklicher Neuanfang war, sondern im Gegenteil eine brutale Erscheinungsform des Nihilismus selbst« (S. 18). Was wir also von den anderen erwarteten, und was vielen schon viel früher, manchmal aber auch erst um das Jahr 1933 ganz ohne Philosophie möglich war, zu erkennen, daß es sich bei dem Nationalsozialismus um nichts als Barbarei handelte, soll nicht für den Philosophen gelten. Er braucht, um Straßenterror, Judengesetze, politische Morde und die 1933 längst angekündigte Zerstörung aller zivilisatorischen Werte recht zu beurteilen, erst eine eigene Geschichtsphilosophie. Nach dieser Logik hätte ein Nichtphilosoph den Faschismus niemals als Brutalität durchschauen können. Philosophen leben demnach in einer Schutzzone, in einem Reservat, aus dem sie sich den Zeitgenossen nicht anders denn als Philosoph, und nicht etwa auch als moralische und politische Person, verständlich machen müssen.

Wie das Beispiel von Vietta zeigt, ist die Berufung auf eine philosophische Sonderrolle auch heute noch gängige Praxis. Gegenwärtig reklamiert vor allem Hans Jonas (*1903) eine solche Ausnahmesituation des Philosophen, die er im Schatten seines scheinbar achtenswerten Themas der Verantwortung an der Kritik vorbei in die Köpfe seiner Leser schmuggelt. Er begründet sie analog zu seinen Vorgängern mit der Bedrohung und den Gefahren, die der Menschheit drohten. Deshalb propagiert auch er die »Heuristik der Furcht«[19] und den Schrecken vor der unbekannten Zukunft. Offen gesteht er: »Wir *brauchen* die Bedrohung des Menschenbildes – und durchaus spezifische Arten der Bedrohung – um uns im *Erschrecken* davor eines wahren Menschenbildes zu versichern« (S. 63, Hervorh. von mir). Schrecken und Bedrohung sind also auch für Jonas die Voraussetzung und der Ausgangspunkt philosophischer Reflexion. Die Größe der Bedrohung verlangt dann aber auch die Entschiedenheit und Härte, die schon Glockner und Heidegger für nötig hielten. Schon im Vorwort seines Buches schreibt Jonas: »Was dem Thema einigermaßen gerecht werden soll, muß dem Stahl und nicht der Watte gleichen« (S. 9). Kurz danach versichert er: »Etwas härteres ist vonnöten und hier versucht« (S. 10), nämlich in seinen philosophischen Bemühungen. Diese Sprache von der Härte und dem Stahl, die noch nicht einmal die wörtlichen Anklänge an das »Hart wie Krupp-Stahl« scheut, führt dann auch zu der Glockner und Heidegger vereinenden Formulierung, die Philosophie sei das »Wagnis äußerster Besinnung« (S. 8).

Wenn das Denken aber ein Wagnis ist, dann ist es nichts für die Masse in ihrer bürgerlichen Normalität, und damit kann man ihr auch nicht die Furcht, die ein Philosoph mit seiner Erkenntnis der Zukunftsbedrohung erfährt, zumuten. Deshalb fordert Jonas den Mut zur »Massentäuschung« (S. 266), um »dem 'Prinzip Furcht' unter der Maske des 'Prinzips Hoffnung' Einfluß zu verschaffen« (S. 266). Diese Täuschung setze aber »die Existenz einer Elite mit geheimen Loyalitäten und geheimen Zielsetzungen voraus« (S. 266); denn Jonas ist davon überzeugt, daß »nur eine Elite ethisch und intellektuell die von uns angezeigte Zukunftsverantwortung übernehmen kann« (S. 263). Mit diesem Satz artikuliert sich das elitäre Bewußtsein eines Philosophen, der sich zur Macht berufen weiß, aber keine hat. Die Elite kann aber ihre Macht nur dann ungestört ausüben, wenn sich die Masse bereitwillig führen läßt, weshalb Jonas weiter schreibt: »Eine Identifizierung der Gemeinschaft mit der Regierung, selbst einer diktatorischen, ist vonnöten, wenn langdauernde Opfer gefordert sind« (S. 263). Weil die Identifizierung mit einer Diktatur nach unseren historischen Erfahrungen und inmitten einer halbwegs funktionierenden Demokratie nicht mehr so ohne weiteres möglich ist, setzt Jonas zu seinem Satz, daß »ein neuer Machiavelli nötig werden« (S. 267) könne, schlauerweise hinzu, »der aber seine Lehre streng esoterisch vortragen müßte« (S. 267). Zwar gesteht er zu, es wäre »sittlich und pragmatisch erwünschter, die Sache der Menschheit einem sich verbreitenden 'wahren Bewußtsein' anvertrauen zu können« (S. 267), doch »verantwortlich darauf setzen, so scheint mir, kann man nicht« (S. 267). Deshalb müsse man sich gegen die Forderungen nach Wahrhaftigkeit und demokratisch legitimierten Entscheidungsprozessen abhärten. Jonas beruft sich dabei, wie schon Glockner, auf Platon: »Schon Platons 'Staat' ist in der Frage öffentlicher Wahrhaftigkeit eine gute Abhärtung gegen liberale Naivitäten« (S. 405, Anm. 2). Der Höhepunkt dieses »Politik und Wahrheit« überschriebenen Kapitels wird aber erst mit dem Schlußsatz erreicht, wenn Jonas schreibt: »Der Autor ist auf den Vorwurf des Zynismus gefaßt und wünscht ihm nicht die Versicherung eigener guter Gesinnungen entgegenzustellen« (S. 267); denn, wie er schon im Vorwort ganz richtig erkannte, »keine (zeitgemäße oder unzeitgemäße) Löblichkeit der Gesinnung kann philosophischen Unzulänglichkeiten des Gedankenganges zur Entschuldigung dienen« (S. 10). Die Löblichkeit der Gesinnung kann dies gewiß nicht, aber auch nicht deren Schäbigkeit!

Der Anspruch einer philosophischen Sonderrolle, wie sie exemplarisch von dieser unheiligen Trinität Glockner, Heidegger und Jonas formuliert wird, scheint für die Öffentlichkeit nur eine geringe Überzeugungskraft zu haben. Dieser Eindruck entsteht vor allem dann, wenn man sich auf die beiden ersten Philosophen, die einer schon vergangenen Zeit angehören, beschränkt. Glockners Theorie vom Selbstverständnis des Philosophen vermag heute gewiß kaum noch jemand zu überzeugen, da sie auf allzu offensichtlichen Skurrilitäten beruht, und Heidegger gilt wegen seiner Verstrickung in den Nationalsozialismus als sowieso belastet und daher scheint auch sein philosophisches Selbstverständnis ein mit diesem vergangenes Problem zu sein. Doch bei Jonas zeigt sich, daß diese Probleme durchaus nicht vergangen sind, und daß man immer noch als Philosoph seinen übelsten antidemokratischen Affekten freien Lauf lassen kann, vorausgesetzt, man führt sie unter dem Deckmantel allseits geachteter Begriffe wie etwa dem der Verantwortung für die Zukunft ein. Und so gilt Jonas als wichtiger Vordenker der Zukunft und nicht als Ideologe eines Weltbildes, in dem es, wie gehabt, ein Oben und ein Unten gibt, Herrschende und Beherrschte, und dem es auf der Spitze der Moderne um nichts anderes als um die »Hütung des Erbes« (S. 393) und um die »Garantie der Dauer« (S. 393) geht. Die Verführbarkeit durch

»geistige« Führer ist unverändert gegeben, und die Brauchbarkeit ihrer Ideologien für die wirklichen Führer ist ungebrochen. Philosophisch ist dies ein Skandal, gesellschaftlich eine Katastrophe.

Anmerkungen

I. Pathologische Freiheit

1 Hegel: *Enzyklopädie der philosophischen Wissenschaften.* Theorie Werkausgabe. Frankfurt/M. 1969ff, Werke 10, S. 301.
2 G. Anders: *Die Antiquiertheit des Menschen.* Bd. II. *Über die Zerstörung des Lebens im Zeitalter der dritten industriellen Revolution.* München 1981, S. 128.
3 G. Anders: *Die Antiquiertheit des Menschen.* Bd. I, a. a. O., S. 309.
4 G. Anders: *Mensch ohne Welt. Schriften zur Kunst und Literatur.* München 1984, S. XIV.
5 Siehe die Vorträge in den Kantgesellschaften von Hamburg und Frankfurt 1929. Auf Französisch erschienen als *Une Interprétation de l'Aposteriori,* in: *Recherches Philosophiques.* Paris 1934, S. 70ff; und als *Pathologie de la Liberté,* in: *Recherches Philosophiques.* Paris 1936, S. 40ff.
6 Anders: Antiquiertheit I, a. a. O., S. 310.
7 G. Pico della Mirandola: *De hominis dignitate,* in: *Opera omnia* I. Basel 1557, S. 314.
8 Hegel: *Rechtsphilosophie.* Werke 7, S. 49.
9 Hegel: *Philosophie der Religion.* Werke 17, S. 203.
10 Hegel: *Enzyklopädie.* Werke 9, S. 24.
11 Anders: *Mensch ohne Welt,* a. a. O., S. 57.
12 Platon: *Symposion,* 203 d 1–3.
13 M. Ficino: *Über die Liebe.* Hamburg 1984, S. 232.
14 S. Kierkegaard: *Der Begriff Angst.* Düsseldorf 1965, S. 42 (Hervorh. von mir).
15 Hegel: *Enzyklopädie,* a. a. O., S. 25.
16 F. Meinecke: *Die Idee der Staatsraison in der neueren Geschichte.* München/Berlin 1929, S. 8.

17 U. Horstmann: *Das Untier. Konturen einer Philosophie der Menschenflucht.* Frankfurt/M. 1985, S. 7.
18 Anders: *Antiquiertheit* I, a. a. O., S. 264.
19 Hegel: *Rechtsphilosophie,* a. a. O., S. 54.
20 Hegel: *Ästhetik.* Werke 15, S. 51.
21 Anders: *Mensch ohne Welt,* a. a. O., S. 65.
22 Anders: *Antiquiertheit* II, a. a. O., S. 140.
23 Anders: *Mensch ohne Welt,* a. a. O., S. 78.
24 Kant: *Grundlegung zur Metaphysik der Sitten.* Werke IV. Berlin 1903, S. 401. »Von Kant zu Eichmann ist, wie beklemmend das auch klingen mag, zuweilen kaum mehr als ein kleiner Schritt« (G. Anders: *Ketzereien.* München 1982, S. 243).
25 Anders: *Antiquiertheit* II, a. a. O., S. 199.
26 Kierkegaard: a. a. O., S. 161.
27 Anders: *Antiquiertheit* II, a. a. O., S. 446.
28 *G. Anders antwortet. Interviews und Erklärungen.* Hg. E. Schubert. Berlin 1987, S. 167.
29 L. N. Tolstoj: *Rede gegen den Krieg. Politische Flugschriften.* Hg. P. Urban. Frankfurt/M. 1983, S. 44.
30 *G. Anders antwortet,* a. a. O., S. 58.
31 Anders: *Antiquiertheit* II, a. a. O., S.9.

II. Die falsche Welt der rechten Vernunft

1 W. Schneiders: *Hoffnung auf Vernunft. Aufklärungsphilosophie in Deutschland.* Hamburg 1990, S. 20.
2 *Stoicorum veterum fragmenta.* Hg. H. von Arnim. Stuttgart 1978 f. Bd. I, S. 122.
3 Seneca: *De vita beata.* In: *Philosophische Schriften.* Hg. M. Rosenbach. Darmstadt 1989, II. Bd., S. 9.
4 Seneca, a. a. O., III. Bd., S. 397.
5 G. Abel: *Stoizismus und Frühe Neuzeit. Zur Entstehungsgeschichte modernen Denkens im Felde von Ethik und Politik.* Berlin/New York 1978, S. 325.
6 Chr. Wolff: *Philosophia practica universalis methodo scientifica pertractata.* Frankfurt und Leipzig 1738, § 456.
7 *Dumm und wasserdicht.* In: *Der Spiegel.* Nr. 4, 43. Jahrgang, 23. Januar 1989, S. 84.
8 *Das Zucht-Haus der Nation.* In: *Stern.* Nr. 14, 30. März 1989, S. 80.

9 Pico della Mirandola: *De hominis dignitate. Opera omnia* I. Basel 1557, S. 314.

10 H. Tristram Engelhardt jr.: *Ethische Akzeptanz menschlicher Fertilisationstechniken.* In: H.-M. Sass (Hg.): *Bioethik in den USA. Methoden, Themen, Positionen. Mit besonderer Berücksichtigung der Problemstellungen in der BRD.* Berlin u. a. 1988, S. 180 f.

11 N. Hoerster: *Tötungsverbot und Selbsthilfe.* In: H.-M. Sass (Hg.): *Medizin und Ethik.* Stuttgart 1989, S. 292.

12 *Warum sollen wir schuld sein?* In: *Der Spiegel.* Nr. 17, 44. Jahrgang, 23. April 1990, S. 206.

13 M. de Montaigne: *Oeuvres complètes.* Paris 1962, S. 691.

14 A. Freiherr von Knigge: *Über den Umgang mit Menschen.* Frankfurt/M. 1977, S. 10 (Herv. von mir).

15 Maunz-Dürig: *Kommentar zum Grundgesetz.* München 1989. Art. 1, 18 (Herv. von mir).

16 M. Horkheimer: *Vertrauen auf Geschichte.* In: *Gesammelte Schriften.* Band 12. Frankfurt/M. 1985, S. 127.

III. Verantwortung. Garant konservativer Ethik

1 W. Weischedel: *Das Wesen der Verantwortung. Ein Versuch.* Frankfurt/M. 1933.

2 *Philosophisches Wörterbuch.* Hg. W. Brugger. Freiburg/Basel/Wien 1981, S. 430.

3 N. Hartmann: *Ethik.* Berlin 1962, S. 739.

4 E. Spranger: *Erziehung zum Verantwortungsbewußtsein.* In: *Geist der Erziehung.* Hg. G. Bräuer/A. Flitner. Heidelberg 1969, S. 340.

5 W. Schulz: *Philosophie in der veränderten Welt.* Pfullingen 1972, S. 710.

6 H. Jonas: *Das Prinzip Verantwortung. Versuch einer Ethik für die technologische Zivilisation.* Frankfurt/M. 1979, S. 7.

7 H. Jonas: *Technik, Medizin und Ethik. Zur Praxis des Prinzips Verantwortung.* Frankfurt/M. 1985, S. 273.

8 G. Picht: *Wahrheit, Vernunft, Verantwortung.* Stuttgart 1969, S. 320.

9 Jonas: *Verantwortung,* a. a. O., S. 178.

10 Picht, a. a. O., S. 322.

11 Schulz, a. a. O., S. 631.

12 Picht, a. a. O., S. 321.

13 Kant: *Die Metaphysik der Sitten.* In: *Kants Werke.* Akademie-Textausgabe. Berlin 1968, Bd. VI, S. 438.

14 E. Brunner: *Der Mensch im Widerspruch. Die christliche Lehre vom wahren und vom wirklichen Menschen.* Zürich/Stuttgart 1965, S. 283.
15 Weischedel, a. a. O., S. 110.
16 Hegel: *Rechtsphilosophie.* § 284. Werke, Band 7, Frankfurt/M. 1970, S. 455.
17 H. Jonas: *Ohne Opferbereitschaft gibt es wenig Hoffnung.* In: *Stern,* 41 Jg., Heft 20, 23.–29. Juni 1988, S. 197. Unabhängig vom Sinn oder Widersinn des Begriffes der Verantwortung muß das dumpfe Bedürfnis, andere immer verantwortlich machen und zur Rechenschaft ziehen zu wollen, Bedenken wecken.
18 E. Ströker: *Ich und die anderen. Die Frage der Mitverantwortung.* Frankfurt/M. 1984, S. 11.
19 Jonas: *Verantwortung,* a. a. O., S. 180.
20 R. Wisser: *Verantwortung im Wandel der Zeit.* Mainz 1967, S. 4.
21 A. Hitler: *Mein Kampf.* München 1939, S. 85.
22 H. Schelsky: *Systemüberwindung, Demokratisierung und Gewaltenteilung. Grundsatzkonflikte der Bundesrepublik.* München 1973, S. 59.
23 Hitler, a. a. O., S. 502.
24 Spranger, a. a. O., S. 344.
25 Hitler, a. a. O., S. 662 (meine Hervorh.).
26 Jonas: *Verantwortung,* a. a. O., S. 222.
27 Picht, a. a. O., S. 318.

IV. Plädoyer gegen Toleranz

1 U. Schultz (Hg.): *Toleranz. Die Krise der demokratischen Tugend und sechzehn Vorschläge zu ihrer Überwindung.* Reinbek bei Hamburg 1974.
2 W. Weischedel: *Skeptische Ethik.* Frankfurt/M. 1976, S. 206.
3 *Philosophisches Wörterbuch.* Hg. W. Brugger. Freiburg/Basel/Wien 1981, S. 408.
4 G. Szczesny: *Die Grenzen der Gleichgültigkeit.* In: U. Schultz, a. a. O., S. 93.
5 Aristoteles: *Rhet.* 1380 a 9.
6 R. P. Wolff: *Jenseits der Toleranz.* In: R. P. Wolff, B. Moore, H. Marcuse: *Kritik der reinen Toleranz.* Frankfurt/M. 1966, S. 58.
7 D. Sölle: *Christentum und Intoleranz.* In: U. Schultz, a. a. O., S. 87.

V. In Arcadia nemo

1 H. Walter: *Pans Wiederkehr. Der Gott der griechischen Wildnis.* München 1980, S. 32.

2 Der Turm Klingsors versinkt und mit ihm die Finsternis, aufsteigt der Zaubergarten, der aber ebenso wieder verschwindet und »zur Einöde verdorrt; verwelkte Blumen verstreuen sich auf dem Boden« (R. Wagner: *Parsifal.* II. Aufzug). Diese doppelte Verwandlung macht den »Parsifal« zum Paradigma für arkadische Hoffnungen und deren Enttäuschung. Die Unwahrheit der Schlußerlösung kann daher auch nur als »höchsten Heiles *Wunder*« begriffen werden.

3 Hegel: *Vorlesungen über die Ästhetik.* Theorie Werkausgabe. Frankfurt/M. 1969ff, Werke 15, S. 391.

4 Fr. Schiller: *Über naive und sentimentalische Dichtung.* Werke in drei Bänden. Bd. II. Darmstadt 1984, S. 581.

5 E. Bloch: *Arkadien und Utopien.* In: *Gesellschaft, Recht und Politik.* Hg. H. Maus. Neuwied/Berlin 1968, S. 42.

6 Schiller, a. a. O., S. 583.

7 E. Bloch: *Erbschaft dieser Zeit.* Frankfurt/M. 1962, S. 136.

8 Hegel: *Ästhetik,* a. a. O., Werke 15, S. 391.

9 E. Bloch: *3 Fratellini oder die Rampen Arkadiens.* In: *Literarische Aufsätze.* Frankfurt/M. 1965, S. 427.

10 Th. W. Adorno: *Minima Moralia. Reflexionen aus dem beschädigten Leben.* Ges. Schriften Bd. 4. Frankfurt/M. 1980, S. 177.

11 Hegel: *Ästhetik,* a. a. O., Werke 13, S. 335.

12 Kant: *Pädagogik.* In: *Kants Werke.* Akademie Textausgabe. Bd. IX. Berlin 1968, S. 471.

13 Kant: *Anthropologie in pragmatischer Hinsicht,* a. a. O. Bd. VII, S. 231.

14 Kant: *Idee zu einer allgemeinen Geschichte in weltbürgerlicher Absicht,* a. a. O., Bd. VIII, S. 21.

15 B. Snell: *Arkadien. Die Entdeckung einer geistigen Landschaft.* In: *Europäische Bukolik und Georgik, a. a. O. S. 31.*

16 Hegel: Rechtsphilosophie, a. a. O., Werke 7, S. 302.

17 Hegel: *Ästhetik,* a. a. O., Werke 13, S. 336.

18 E. Bloch: *3 Fratellini,* a. a. O. S. 427.

19 E. Bloch: *Experimentum mundi. Frage, Kategorien des Herausbringens, Praxis.* Frankfurt/M. 1975, S. 90.

20 J. Schumacher: *Die Angst vor dem Chaos. Über die falsche Apokalypse des Bürgertums.* Frankfurt/M. 1978, S. 367.

21 Adorno: *Minima Moralia*, a. a. O., S. 176.
22 Fr. Nietzsche: *Richard Wagner in Bayreuth*. In: Werke in drei Bänden. Hg. K. Schlechta. Bd. 1. München 1962, S. 379.

VI. Oknos. Kein Bedürfnis nach Erlösung

1 F. Boll: *Oknos*. In: *Archiv für Religionswissenschaft*. XIX, 1919, S. 156.
2 Pausanias 10, 29, 1f.
3 U. von Wilamowitz-Moellendorff: *Der Glaube der Hellenen*. Bd. II. Darmstadt 1976, S. 181.
4 J. J. Bachofen: *Oknos, der Seilflechter. Ein Grabbild. Erlösungsgedanken antiker Gräbersymbolik*. Hg. M. Schroeter, München (1923), S. 14.
5 H. J. Rose: *Griechische Mythologie. Ein Handbuch*. München 1955, S. 78.
6 H. Diels/W. Kranz: *Die Fragmente der Vorsokratiker*. 1. Band. Zürich/ Berlin 1964, S. 154.
7 Nietzsche: *Der Antichrist. Fluch auf das Christentum*. In: Werke in drei Bänden. Hg. K. Schlechta. Bd. II, München 1955, S. 1191.

VII. Philosophische Mentalität im 20. Jahrhundert

1 H. Glockner: *Die Persönlichkeit des Philosophen*. In: *Zeitschrift für Deutsche Kulturphilosophie. Neue Folge des Logos*. Bd. 3 (1937), S. 242.
2 H. Glockner: *Vom Wesen der deutschen Philosophie*. Stuttgart/Berlin 1941. Diese Schrift ist zur passenden Zeit erschienen: »Heute aber ist Krieg. Und es ist gut, daß Krieg ist« (S. 53).
3 H. Glockner: *Die ethisch-politische Persönlichkeit des Philosophen. Eine prinzipielle Untersuchung zur Umgestaltung der Hegelschen Geisteswelt*. Tübingen 1922, S. 44.
4 H. Glockner: *Das Abenteuer des Geistes*. Stuttgart 1938, S. 111.
5 Glockner (1922), S. 53.
6 Glockner (1938), S. 47.
7 M. Heidegger: *Die Grundbegriffe der Metaphysik. Welt – Endlichkeit – Einsamkeit*. Gesamtausgabe Bd. 29/30. Frankfurt/M. 1983, S. 244.
8 M. Heidegger: *Einführung in die Metaphysik*. Tübingen 1966, S. 4.

9 M. Heidegger: *Die Selbstbehauptung der deutschen Universität. Das Rektorat 1933/34*. Frankfurt/M. 1983, S. 13.
10 A. Baeumler: *Politik und Erziehung. Reden und Aufsätze.* Berlin 1937, S. 128.
11 Heidegger: *Einführung in die Metaphysik,* a. a. O., S. 8.
12 M. Heidegger: *Beiträge zur Philosophie. (Vom Ereignis)*. Gesamtausgabe Bd. 65. Frankfurt/M. 1989, S. 11.
13 R. Wisser: *Nachdenkliche Dankbarkeit.* In: *Antwort. Martin Heidegger im Gespräch.* Hg.: G. Neske, E. Kettering. Pfullingen 1988, S. 52.
14 Heidegger: *Beiträge zur Philosophie,* a. a. O., S. 414.
15 Heidegger: *Einführung in die Metaphysik,* a. a. O., S. 99.
16 Spiegel-Gespräch mit Martin Heidegger. In: *Antwort,* a. a. O., S. 98.
17 G. Picht: *Die Macht des Denkens.* In: *Antwort,* a. a. O., S. 181.
18 S. Vietta: *Heideggers Kritik am Nationalsozialismus und an der Technik.* Tübingen 1989, S. 9, Anm. 20.
19 H. Jonas: *Das Problem der Verantwortung. Versuch einer Ethik für die technologische Zivilisation.* Frankfurt/M. 1979, S. 8.